재미있게 읽고,
쉽게 바뀌는

공부법,
알지 못하면
뒤떨어진다

재미있게 읽고, 쉽게 바뀌는

공부법,

알지 못하면 뒤떨어진다

2013. 3. 10. 1판 1쇄 발행
2014. 1. 10. 1판 2쇄 발행

저자와의
협의하에
인지생략

지은이 | 박인수
펴낸이 | 이종춘
펴낸곳 | **BM** 성안당

주소 | 121-838 서울시 마포구 양화로 127 첨단빌딩 5층(출판기획 R&D 센터)
413-120 경기도 파주시 문발로 112(제작 및 물류)

전화 | 02) 3142-0036
031) 955-0511
팩스 | 031) 955-0510
등록 | 1973.2.1 제13-12호
출판사 홈페이지 | **www.cyber.co.kr**
ISBN | 978-89-315-7644-3 (13370)
정가 | **13,800원**

이 책을 만든 사람들

기획·진행 | 최동진
교정·교열 | 안종군
일러스트 | 김재식
디자인 | 디박스
홍보 | 최고운
마케팅 | 변재업, 구본철, 차정욱, 이상무, 채재석, 강호묵
제작 | 김유석

재미있게 읽고,
쉽게 바뀌는

공부법,
알지 못하면 뒤떨어진다

박인수 지음

BM 성안당

머리말

우리는 초등학교와 중학교 공부는 분명히 다르다는 사실을 알아야 합니다. 초등학교 공부는 조금만 노력해도 좋은 결과를 얻을 수 있는 반면, 중학교 공부는 초등학교 때보다 훨씬 더 많은 시간 동안, 더 많은 노력을 기울여도 좋은 결과를 얻기가 힘들기 때문입니다.

중학생들에게 "지금 공부한 것처럼 초등학교 때 공부했더라면 성적이 어땠을 것 같니?"라고 물었더니 대부분의 학생이 1등을 할 수 있었을 것이라고 답했습니다.

중학교에 입학하여 첫 중간고사를 치르게 되면 많은 학생과 학부모는 큰 충격을 받습니다. 초등학교 시절에는 제법 공부를 잘한다고 생각했던 아이였는데, 초등 평균 점수에 비해 적게는 10점, 많게는 20점 이상씩 하락하는 것을 보고, 학생은 자신감을 상실하게 되고, 학부모들은 아이에게 걸었던 기대가 한순간에 무너지는 참담한 현실에 직면하는 경우가 많아진 것입니다. 이러한 경우가 발생하지 않기 위해서는 미리 준비해야 합니다.

가장 중요한 것은 초등학교 때 매일 꾸준히 일정량을 공부하지 않고 시험이 닥쳤을 때 문제 풀이 공부와 반짝 공부를 하는 습관과 공부 방법을 하루 빨리 바꿔야 한다는 것입니다. 공부를 잘하기 위해서는 매일 일정량을 꾸준히 공부하는 습관을 들이는 것이 중요합니다. 읽기와 쓰기 능력 또한 중요합니다. 그리고 시험 출제자인 학교 선생님의 수업을 열심히 듣고, 메모하거나 필기하고, 오늘 배운 수업 내용과 교과서를 바탕으로 공부하는 습관을 가지는 것이 중요합니다. 이렇게 공부하면 그렇지 못한 학생들에 비해 고등학교 때에 더욱 좋은 성적을 받을 수 있게 되어 수시 모집에서 남들보다 유리한 위치에 서게 될 것입니다.

학교 수업에 집중하고 교과서로 공부해야 한다는 것은 모든 학생과 학부모들이 잘 알고 있는 사실입니다. 하지만 알면서도 실천하지 못하는 이유는 그 중요성을 깨닫지 못하고 있기 때문입니다.

이 책에는 재미있고 쉽게 읽을 수 있으며, 누구나 공감하고 실천할 수 있는 내용들이 가득합니다. 이 책을 읽고 나면 누구나 자기 스스로 공부를 이끌어갈 능동적인 학생이 되어 있을 것이라 확신합니다.

Thanks to…
이 세상 무엇보다도 소중한 선미와 소윤, 소율이에게 감사의 마음을 전합니다.

박인수

Back to basics

듣기

말하기

쓰기

읽기

공부를 잘하기 위해서는 학교 수업과 교과서를
중심으로 공부해야 하며, 자신만의 공부 방법을
바탕으로 매일 꾸준하게 예·복습을 해야 합니다.
이러한 공부 습관을 가지고 있는 학생이야말로
자기주도적 학습 능력을 갖춘 학생이라고 할 수
있습니다.

시험의 출제자인 학교 선생님이 진행하는 수업을 집중하여 듣고 정확히 이해하는 능력이 제일 중요합니다. 수업 내용을 이해하는 능력이 부족하거나 수업을 잘 듣지 않는 학생은 절대로 공부를 잘할 수 없습니다. 학교 수업을 잘 듣기 위해서는 예습을 통해 관심과 호기심을 가지고, 선생님이 강조하는 내용을 메모하거나 필기해야 합니다.

자신의 의견을 논리적이며 정확하게 전달할 줄 아는 능력이 곧 경쟁력인 시대입니다. 자신의 주장이나 느낌 그리고 감정 등을 상황에 맞게 표현하려면 독서를 통해 어휘력과 사고력을 향상시켜야 하며, 독서 토론을 통해 꾸준한 연습을 하여야 합니다.

요즘 학생들의 가장 부족한 점은 '쓰는 공부'를 하지 않는다는 것입니다. 공부할 내용을 분류하고, 필기를 하면서 공부하면 더 오랫동안 기억할 수 있으며, 필기한 내용은 반복 학습의 가장 큰 무기가 될 수 있습니다. 눈으로만 하는 공부가 아니라 필기를 하면서 공부하는 능력을 배양하여야 합니다. 도식적 필기법, 마인드맵, 스터디맵 등과 같은 다양한 필기법을 배워보는 것도 좋은 방법이며, 이러한 필기법을 바탕으로 자신만의 노트 필기법을 완성해야 합니다.

읽기 능력이 부족하면 집중력, 이해력, 어휘력, 사고력, 배경지식 등이 부족하게 되어 공부를 잘할 수 없습니다. 읽고 이해하는 능력이 부족한 학생은 듣고 이해하는 능력도 부족하기 때문에 학교 수업이든, 학원 수업이든 수업을 듣는 능력이 떨어지게 됩니다. 이는 국어뿐만 아니라 이해하고 사고해야 하는 수학, 과학 등과 같은 과목에 영향을 미치며, 배경지식이 부족하면 기억해야 할 내용이 많아지기 때문에 상대적으로 더 힘든 공부를 하게 됩니다. 그렇기 때문에 초·중등학교 시절의 많은 독서를 통해 읽는 능력을 향상시키고, 이해력과 배경지식을 쌓아야 합니다.

과목별 노트 필기 예시

노트 정리를 잘한다는 것은 그만큼 수업에 집중하고 이해를 많이 했다는 것을 의미합니다. 노트 정리는 오늘 학교에서 들은 수업 내용을 내 것으로 만드는 가장 효과적인 방법이며, 정리된 내용을 바탕으로 언제든지 쉽게 반복 학습을 할 수 있다는 장점이 있습니다. 과목별로 정리된 노트의 예시를 보면서 나만의 노트법을 만들어보세요.

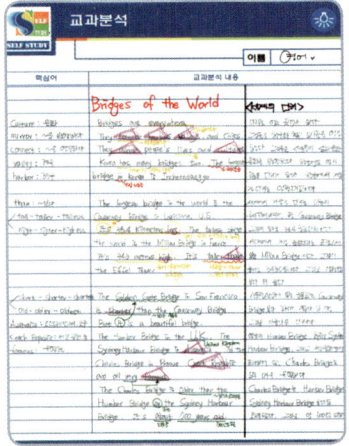

▲ 영어

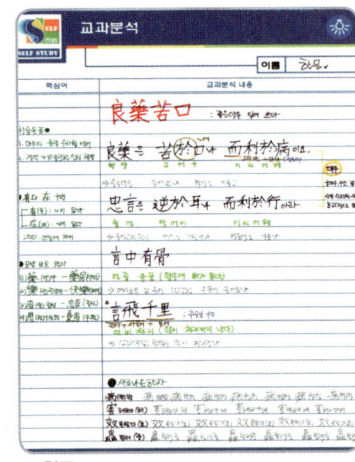

▲ 한문

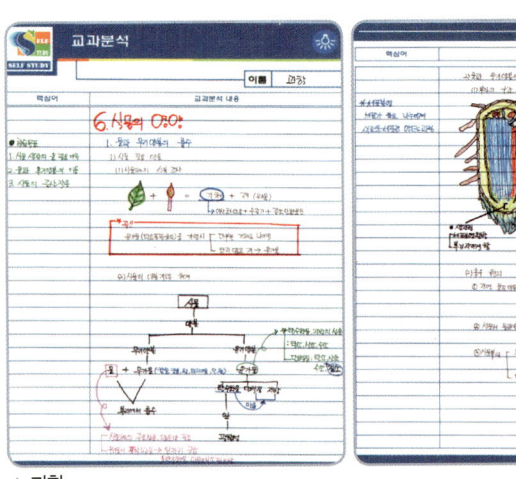

▲ 과학

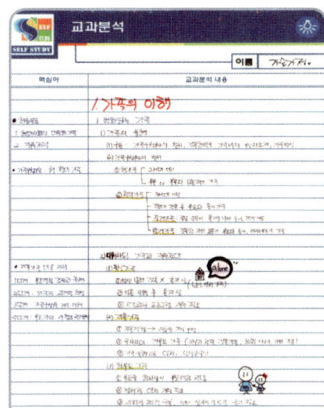

▲ 기술·가정

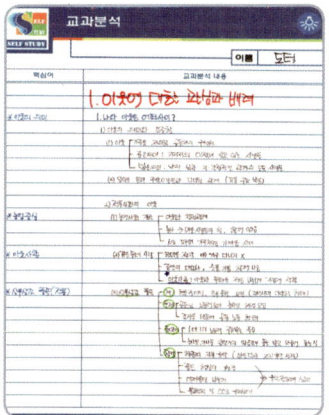

▲ 도덕

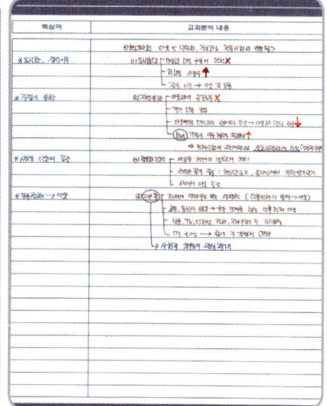

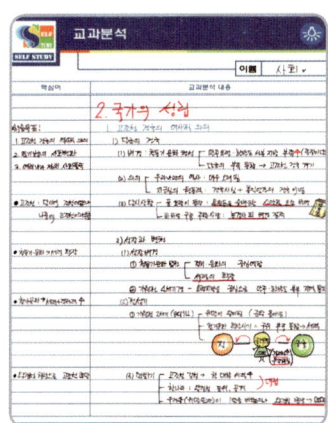

▲ 사회

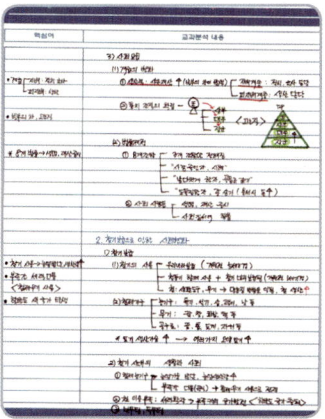

목차

Theme

1

수업 시간에는 세상에 혼자뿐인 미혜

집에서의 미혜 이름은 공부였다

제1장

초등학교 시절, 미혜는 한 가정의 큰딸이자 부모의 사랑을 받으면서 사는 예쁜 꽃과 같은 학생이었다.

미혜는 항상 아빠의 퇴근을 기다렸다. 아빠도 하루 종일 스트레스를 많이 받지만, 집의 현관문에 들어서면 반갑게 맞아주는 미혜의 얼굴을 떠올리면서 힘겨운 나날들을 견뎌내고 있었다.

"아빠다!"

"아빠! 아빠!"

아빠를 보고 한걸음에 달려나와 뽀뽀를 하기도 하고, 아빠의 볼에 얼굴을 비비기도 한다.

"잘 놀았어? 아빠 보고 싶었어?"
"응, 많이 보고 싶었어!"

하지만 미혜가 중학교에 입학하고 난 후 미혜의 공부 환경과 방법이 달라지면서 아빠와의 갈등이 시작되었다.

"다녀왔습니다!"

미혜가 집에 들어선다. 학교 수업과 학원을 모두 마치고 10시가 넘은 시간에 귀가하는 미혜는 항상 힘이 없고, 얼굴에는 불만이 가득 차 있다.

"미혜야! 이리 와서 앉아봐! 아빠랑 얘기 좀 하자!"
"저, 피곤해요."

미혜의 모습은 어느새 사라져버린다. 미혜와 이런저런 얘기도 나누고 싶고, 약간의 훈계도 하고 싶은 아빠의 마음이 전해지지 않는 모양이다. 한 마디만을 남긴 채 사라져버리는 미혜를 보고 약간 기분이 언짢기도 하다.

"미혜야, 너 이리 와봐!"

“아이, 참! 왜요~”

“너 아빠와 얘기하기 싫어?”

“아뇨.”

“그런데 왜 아빠가 얘기 좀 하자는데 피하니?”

“저, 바빠요. 해야 할 일이 한두 가지가 아니란 말이에요!”

“아무리 그래도 아빠랑 잠깐 얘기할 시간도 없어?”

“바쁘기도 하고, 피곤하단 말이에요!”

“그래, 알았다.”

“……….”

미혜는 아무 대답도 없이 거실에서 사라진다. 아빠는 기분이 좋지 않지만 미혜의 모습을 쳐다보지 않기 위해 애써 시선을 피한다.

얼마 동안의 시간이 지난 후, 아빠는 안쓰러운 마음이 들어 미혜의 방문을 조심스럽게 열어본다. 컴퓨터 앞에 앉아서 무엇인가를 열심히 하고 있는 미혜에게 다가간다.

“미혜야, 너 뭐하니?”

“공부하다가 조금 답답해서 친구들과 얘기 좀 하고 있어요.”

“아빠와는 잠깐 동안 얘기할 시간도 없고, 친구와는 얘기할 시간이 있니? 더욱이 하라는 공부는 안 하고 맨날 채팅만 하고…….”

"공부했어요. 공부했다고요! 공부하다가 쉬지도 못해요?"

"그렇게 공부한 녀석의 성적이 그 정도니? 한 달에 네 학원비로 들어가는 돈이 얼만데, 성적이 맨날 그 모양이니?"

"저도 나름대로 열심히 공부하고 있어요."

"열심히 해? 뭐가 열심히 해? 맨날 집에서 놀기만 하면서……."

"학교에, 학원에 얼마나 힘이 드는데, 집에서까지 공부해야 해요? 제가 뭐 공부하는 기계인가요?"

"어떻게 알아? 네가 학교나 학원에서 공부를 하는지, 노는지."

"아빠! 나가세요. 빨리 나가세요."

"내 집에서 내 맘대로 못하냐! 너, 그러면 못써. 한 달에 들어가는 학원비가 얼마인데 성적이 그 모양이냐."

"……."

"4층에 사는 영희는 학원에 다니지 않고도 성적이 좋은데, 넌 왜 그 모양이냐?"

"아빠!"

화가 많이 나서 붉어진 얼굴에 눈물범벅이 된 미혜의 목소리가 온 거실에 울려 퍼지자 엄마가 미혜의 방에 들어와 아빠의 팔을 끌어당긴다.

사실 이러한 일은 한두 번이 아니다. 미혜와 아빠는 지난 1년 동안 일주일에 한 번 정도 다투었다. 이럴 때마다 가장 가슴이 아픈 사람은 엄마다.

엄마의 소원은 미혜가 공부를 잘하는 것이 아니라 아빠와 미혜가 거실에서
도란도란 얘기하는 모습을 보게 되는 것이다.

미혜와 다투고 나면 아빠의 기분은 좋지 않다. 미혜 역시 기분이 나빠
쉽게 잠들지 못한다. 하지만 이제는 어느 정도 포기한 것 같은 느낌이 들
고, 서로 부딪히지 않기 위해 같은 공간에 있기를 거부하고 있는 것처럼 느
껴진다.

제2장

수업은
공부가
아니다

초등학교 시절, 미혜는 공부를 꽤 잘하는 모범 학생이었다. 평소 공부를 열심히 하지 않아도 시험 전에 총정리 문제집 한 권만 풀면 항상 평균 95점 이상을 받는 학생이었다.

미혜는 중학교에 입학할 때가 되자 중학교 때의 공부는 초등학교 때보다 어려울 것이라는 생각이 들어 전 과목을 가르쳐주는 입시 학원에 다니게 되었다.

하지만 계속 상위권을 유지할 것이라는 생각과는 달리 미혜는 중학교 첫 중간고사에서 평균 72점이라는 전혀 생각하지 못한 성적을 받았다. 초등학교 시절보다 더 열심히 노력했고, 학원에도 다녔기 때문에 좋은 성적을 받을 것이라고 생각한 미혜는 많이 놀랐고, 성적표를 받아본 부모님 또한 많이 놀랐다.

하지만 곧 첫 번째 시험이어서 그럴 것이라 생각하고 대수롭게 여기지 않았다. 하지만 기말고사에서는 평균 68의 점수를 받았다. 미혜는 중간고사보다 성적이 더 떨어지자 점점 자신감을 상실했다. 부모님 역시 성적이 더 떨어지는 것을 보고 많이 실망했다. 미혜와 아빠의 갈등이 시작된 것은 바로 이 즈음이다.

어제 저녁에 아빠와 미혜가 싸운 후 엄마는 마음이 답답하며 잠을 한숨도 이루지 못했다. 아빠 역시 무거운 마음으로 출근했고, 미혜 역시 집에 들어오기 싫다는 듯한 말을 남기고 등교했다.

모두 자신의 일을 찾아 떠난 자리에 홀로 앉아 있는 엄마는 집안일을 하느라 몸이 피곤했지만, 현실이 너무 가슴 아파 편히 쉴 수가 없다.

'무엇이 문제일까?'

한참을 고민하던 엄마는 갑자기 미혜의 방으로 들어가 컴퓨터를 켰다. 컴퓨터 앞에서 무엇인가를 열심히 하던 엄마가 서너 시간이 흐른 후에 자리에서 일어섰다. 그런 다음, 서점에 가서 공부 습관과 방법에 관련된 책들을 구매했다. 엄마는 일주일 내내 외출도 하지 않고 자료 검색, 정리, 독서, 메모 등을 하면서 미혜의 공부 습관과 방법에 어떤 문제가 있는지를 하나씩 깨닫기 시작했다.

토요일 오전, 아빠는 출근을 했지만 미혜는 늦잠을 자고 나서도 한참 동안 소파에 누워 리모컨만 만지작거리고 있다. 아빠가 집에 있을 때는 거실로 나오지 않는 미혜는 아빠가 없을 때면 초등학교 시절처럼 곧잘 소파에 누워 응석을 부리기도 한다.

"미혜야, 그렇게 누워 있지만 말고 잠시 후에 엄마와 재미있는 얘기 좀 할까?"

"재미있는 얘기? 무슨 얘긴데요?"

"그런 것이 있어! 어서 일어나 씻기나 해!"

"싫어요, 이렇게 누워 있는 것이 좋아요. 씻는 것도 귀찮아요."

"……."

엄마는 아무 대답도 하지 않고, 늦은 아침을 준비하고 있다. 평소와는 달리 미혜가 좋아하는 반찬을 많이 준비하고 있다.

"그런데 엄마, 아까 말한 재미있는 얘기가 뭐에요?"

소파에 누워 빈둥거리던 미혜가 할 일 없이 그냥 있으려니 심심했는지 엄마에게 재촉하듯이 물어본다.

"응, 잠시 후에 말해줄게. 우리 미혜가 밥을 먹고, 씻고 난 다음에……."

"알았어요!"

평소 씻기 싫어하고, 밥 먹는 것도 싫어하고, 매사에 열정이라고는 없어 보이던 미혜의 몸놀림이 갑자기 빨라지기 시작한다. 밥을 먹으면서도 미혜는 계속해서 엄마에게 재미있는 얘기가 무엇인지 계속 물어본다. 의자에 앉아 있던 엄마가 정수기에서 물 한 컵을 받아 미혜에게 건네면서,

"미혜야, 너 요즘 힘들지?"

"힘들죠, 노력은 하는데 성적은 나오지 않고, 거의 매주 아빠와 다투니……."

"엄마도 사실은 너와 아빠를 볼 때마다 마음이 답답해서 미칠 지경이다. 너도 마음이 아프겠지만, 아빠도 많이 아프실 거야. 생각해봐! 예전에는 아빠와 너의 사이가 얼마나 좋았니?"

"사이가 좋기는 했지요. 하지만 지금은 아니에요. 아빠가 어디 멀리 몇 년 동안 일하러 갔으면 좋겠어요."

"그런 말하면 못써!"

"그런데 엄마, 이런 얘기하려고 했던 거예요? 이게 재미있는 얘기에요? 갑자기 짜증이 나려고 해요!"

"얘는 누구를 닮아서 이렇게 성질이 급하냐."

"엄마 아니면 아빠를 닮았겠지요."

이런저런 얘기가 오가면서 엄마는 미혜의 마음이 조금 풀어지기를 기다리고 있다. 엄마는 미혜가 학교와 학원 시간 때문에 자신의 스트레스를 발산하지 못해서 그런 것이라 생각했고, 한참 사춘기이기 때문에 그럴 수 있을 것이라고 생각했다. 얼마 동안의 시간이 지났을까, 엄마가 방에서 많은

양의 프린트된 종이와 책을 들고 다시 주방으로 들어선다.

"엄마, 그게 다 뭐에요?"

"응, 엄마가 우리 미혜 기쁘게 해주려고 그동안 공부 좀 했지!"

"공부? 무슨 공부요?"

"응, 미혜야, 화내지 말고 엄마가 하는 얘기를 잘 들어봐. 결정은 네가 해야 한다는 것을 잊지 말고, 알았지?"

"무슨 얘기인데 그래요. 그리고 이것들은 다 뭐에요?"

아무래도 뭔가 변화가 있을 것이라는 생각이 들어 조금씩 조바심이 생기기 시작하고, 왠지 모르게 좋은 느낌보다는 좋지 않은 느낌이 들기 시작한다.

"엄마도 공부 얘기에요? 그만큼 아빠한테 들었으면 됐지, 아침부터 엄마까지 그러기에요? 됐어요, 싫어요!"

"아니야, 미혜야. 엄마는 미혜에게 더 많이 쉴 수 있는 시간을 주기 위해 그러는 거야! 네가 쉬지도 못하고 친구들과 놀지도 못하는 것이 너무 안타까워서 그러는 거야!"

"쉴 수 있는 시간? 놀 수 있는 시간? 엄마, 그것이 가능하기나 해요? 맨날 학원에 다니고도 성적이 이 모양인데, 더 쉬거나 놀면 성적은 더 떨어질 것이고……. 그러면 아빠가 가만히 있을까요?"

"그래, 맞아. 그러니까 조금은 생각하면서 공부를 하자는 거야!"

"생각이요? 뭐 내가 생각이 없는 애인 줄 알아요? 나도 생각 많이 해요. 정말 힘들어요. 초등학교 때 나보다 공부를 못하던 애들이 지금은 나보다 공부를 훨씬 잘해요. 학교에서 공부를 열심히 해도, 학원 수업을 들어도 성적이 오르지 않는 것을 어떻게 해요?"

"엄마도 알아. 네가 힘이 들지만 묵묵히 노력하고 있다는 것을 알아. 하지만 노력한 결과가 좋지 않다면 뭔가 다른 방법을 찾아야 하지 않을까? 엄마는 너와 함께 그 방법을 찾아보자는 거야."

"됐어요, 들을 필요 없어요. 엄마도 아빠와 똑같아요!"

"아니야! 엄마도, 아빠도 미혜가 미워서 그러는 것이 아니야. 이것 좀 읽어봐! 엄마가 지난 며칠 동안 너의 공부 방법과 습관에 문제가 있다고 생각하고, 네가 학교에 갔을 때 인터넷을 검색해보고, 책도 읽어보고 나서 너에게 맞는다고 생각한 내용에 표시를 해 놓은 거야!"

한참 동안 엄마가 준비한 자료들을 바라보고 있던 미혜가 골똘히 생각에 빠진다. 이렇게 많은 자료를 준비하려면 많은 시간 동안 고민했을 것이라고 생각한 미혜는,

"엄마, 한번 얘기해봐요! 그게 뭔데요?"

"그래, 고마워! 잘 들어봐. 그리고 화내지 말고 냉정하게 생각해보는 거다. 알았지?"

"알았다니까요! 빨리 말하기나 하세요!"

“그럼, 시작한다.”

“……..”

“미혜야, 공부가 뭐니?”

시작과 동시에 엄마에게 “공부가 뭐니?”라는 말을 듣는 순간, 미혜는 아무 말도 하지 못한다.

“공부가 뭐라고 생각하니?”

엄마가 다시 물어보지만 미혜는 딱히 할 말이 생각나지 않는다. 한참을 고민하던 미혜는,

“학교나 학원에서 수업을 듣는 거요!”

“수업을 듣는 것?”

“네.”

“수업은 수업이지, 공부는 아니잖아.”

“수업이 공부 아닌가요?”

“아니야. 엄마가 알려줄게. 엄마가 검색해보니 여러 학습 전문가들이 이런 말을 했더라. 공부는 수업할 때 들은 내용을 이해하고 기억하는 활동 이라고…….”

“그런가요?”

"그런데 엄마가 곰곰이 생각해보니, 미혜는 학교 수업은 잘 듣지 않고, 학원 수업만 잘 들으려고 하는 것 같아. 그런데 실제로는 학원 수업도 잘 듣지 않은 것 같기도 하고……. 엄마 말이 맞지 않니?"

"아니에요, 저 학원 수업 열심히 들어요!"

"그래? 그러면 왜 학교 수업은 잘 듣지 않는 거니?"

"재미없어요. 딱딱하고 지루하고, 선생님 목소리만 들으면 졸음이 쏟아지고……. 선생님 얼굴만 쳐다보고 있어도 지루해 죽겠어요. 그리고 이미 학원에서 배운 내용인데요. 뭘!"

"아, 그렇구나! 학원에서 미리 배워서 학교 수업은 잘 듣지 않는 것이로구나!"

"네, 이미 배운 내용이고, 알고 있는 내용인데요. 뭘! 그리고 사실 너무 지루해요. 저만 그런 것이 아니라 모든 애들이 다 그렇게 생각해요."

"그러면 하나만 더 물어보자. 시험을 출제하는 사람이 학원 선생님이니, 학교 선생님이니?"

"네?"

뭔가 화들짝 놀란 미혜가 마시던 물이 목에 걸렸는지 입속에 있던 물을 다시 컵에 쏟으면서 엄마를 쳐다본다.

"……."

"다시 한 번 물어볼게. 시험을 출제하는 사람이 학교 선생님이니, 학원 선생님이니?"

"학교 선생님이요."

"그렇다면 학교 선생님의 수업이 더 중요한 것 아닐까?"

"아이, 그래도 다 비슷해요."

"아니야, 미혜야, 그런 것이 아니야. 우리 잘 생각해보자."

"……."

"만약 네가 워드프로세서 시험을 보려고 하는데 그 시험을 출제하는 사람이 수업을 하는 학원과 그 시험을 출제하지 않는 사람이 수업하는 학원 두 군데가 있다고 가정해보자. 그러면 어떤 학원에 다니겠니?"

"뭐! 당연히 시험을 출제하는 사람이 수업을 하는 학원에 다니겠죠."

"왜 그렇게 생각하는데?"

"뭐, 자기가 시험을 출제하니까 아무래도 수업 중에 시험과 더 밀접하게 관련된 내용들을 얘기해주겠죠."

"그래, 맞아. 그렇다면 학교와 학원 중 어느 수업에 더 집중해야 할까?"

"……."

"어느 수업에 더 집중해야 하겠느냐고!"

엄마는 미혜가 바로 대답하지 않자 다시 물어보았지만, 미혜는 선뜻 대답하지 못한다. 미혜는 지금까지 했던 자신의 공부 방법과 습관에 문제가 있다는 생각이 조금씩 들기 시작했다. 한참 동안 대답하지 못하고 있던 미혜가 드디어 입을 열었다.

"학교 수업이요."

"그래, 맞아. 학교 수업에 더 집중하는 것이 좋겠지?"

"네!"

"지금 당장 학원을 그만두자!"

"네? 지금 성적도 이 모양인데, 학원까지 그만두면 어떻게 하라고요."

"아니야! 엄마의 생각은 그렇지 않아. 아마 더 성적이 오를 거야. 그리고 너도 그렇게 늦은 시간까지 힘들게 공부할 필요가 없다고 생각해!"

"그것이 가능하다고 생각하세요? 지금까지 그렇게 공부했는데도 계속 성적이 떨어졌는데…….”

“당연히 가능하지. 가능할 뿐만 아니라 심지어 저녁에 자유 시간도 즐길 수 있을 거야. 그 시간에는 텔레비전을 보든지, 인터넷을 하든지 마음대로 해. 그리고 네가 좋아하는 그림을 그려도 엄마, 아빠는 잔소리하지 않을 게.”

“뭐, 그러면 저야 좋지만, 과연 그럴까요?”

“엄마의 얘기를 못 믿네. 잘 들어.”

“…….”

“공부는 수업을 할 때 들은 내용을 네 머릿속에 넣기만 하면 되는 거야. 그리고 내일 공부할 내용에 대한 약간의 준비만 하면 돼. 그렇기 때문에 네가 학교 수업 중에 열심히 듣고, 메모하고, 집으로 돌아와서 그 내용에 대한 공부만 하면 되는 거야.”

“알 것 같기는 한데, 왜 학원에 다닐 때는 성적이 좋지 않았을까요?”

“배운 내용이 다르기 때문이야. 학교에서 배운 내용을 학원에서 다시 배우면 자연스럽게 복습이 되지만, 학교에서 배운 내용과 학원에서 배운 내용이 서로 다르고, 수업은 듣고 공부는 하지 않았기 때문에 시간이 지나면 수업 때에 들은 내용이 사라져버리는 것이지.”

“하긴!”

“그렇기 때문에 시험 기간에 공부하려고 하면 모든 내용이 다 처음 본 것처럼 생각되고, 그 내용을 모두 공부하려면 시간이 부족하니까 자연히 문제만 풀게 되는 거야. 그러니 성적이 잘 나오겠니?”

"그러면 어떻게 하면 돼요?"

"엄마가 정리한 자료를 본 후에 네가 판단하도록 해. 알았지?"

"네!"

"우선 학교 수업을 열심히 듣는 거야. 선생님이 말씀하시는 내용 중에서 시험이 출제된다는 생각을 가지고 학원 수업보다 더 집중해서 듣고, 필기를 하는 거야. 그리고 그것을 모두 집으로 가지고 오는 거야. 알았지?"

"집으로 가져오라고요? 거의 모든 아이들이 교과서와 노트 그리고 유인물을 학교에 놓고 다니는데요?"

"아니야. 공부 잘하는 아이들은 들고 다녀."

"아니에요. 공부 잘하는 아이인데도 가방은 텅텅 비어 있는 아이들이 많아요."

"그 아이들의 성적은 중학교까지만 일거야. 그 애들은 아마 모르긴 몰라도 학교 끝나고 굉장히 많은 수업이 기다리고 있을 거야. 뉴스를 보니 새벽까지 과외를 받는 애들이 많다고 하더라."

"그래도 성적이 좋잖아요."

"성적이 좋기는 하지. 하지만 고등학교에 가서는 어쩔 건데? 고등학교에서는 과외를 받을 수 있는데? 야간 자습을 하거나 기숙사에 들어가면 어떻게 과외를 받는데?"

"뭐, 그때는……. 자기들이 알아서 하겠죠. 그래요, 좋아요. 가지고 와서는 무엇을 하면 되는데요?"

"응, 가지고 와서 오늘 학교에서 배운 내용을 열심히 복습한 후, 내일 배울 내용을 한 번 읽어보고, 그런 다음 네가 하고 싶은 것을 마음껏 해도 돼!"

"진짜죠?"

"그럼, 진짜라니까!"

"근데, 그게 가능할까요? 나는 안 될 것 같은데요."

"아니야. 충분해. 그 대신 가장 중요한 것은 학교 수업은 최선을 다해 열심히 들어야 한다는 거야. 학교와 학원 수업 두 가지를 듣는 것이 아니라 학교 수업만 듣고 복습만 하는 것이기 때문에 학교 수업을 소홀히 하면 절대로 안 돼."

"알았어요. 그런데 공부를 혼자서 해본 적이 없는데 어떻게 해요. 그리고 시간이 얼마나 걸리는지도 모르잖아요."

엄마는 그동안 준비한 자료와 노트, 책을 보여주면서 말했다.

"이것을 한번 읽어봐. 그리고 네가 너의 공부에 접목할 수 있는 방법을 찾아보고, 실천해보는 것이 좋을 것 같아. 그리고 학습 전문가들이 하는 얘기를 들어보니 2시간 정도면 충분하다고 하더라!"

"2시간요?"

"응."

"그러면 학교에서 돌아오는 시간이 5시니까 7시 정도면 공부가 끝나겠네요."

"그래, 그러고 나서 네가 하고 싶은 그림을 그리거나, 채팅을 하거나, 독서를 해도 괜찮아! 엄마는 너무 심하지만 않으면 아무 말도 하지 않을게."

"진짜죠? 진짜죠? 그런데 아빠가 허락하실까요? 그렇잖아도 성적이 좋지 않다고 맨날 잔소리를 하시는데…….."

"그것은 엄마가 알아서 할 테니까 너는 이것이나 읽어보고, 다음 주부터는 그렇게 하기로 하자! 그리고 엄마와 아빠는 항상 너를 아끼고 사랑한다는 것을 잊지 말고, 알았지? 믿는다. 미혜야."

엄마는 미혜가 많이 싫어하면 어쩌나, 화를 내면 어쩌나 걱정했지만 의외로 쉽게 인정하고, 열심히 한다는 말까지 해주니 고마운 마음이 들었다. 미혜도 엄마가 준비한 자료들을 읽어보면서 그동안의 자신의 공부 방법에 문제가 있었다는 것을 느끼면서 하나하나 자신이 잘못한 점을 반성하기 시작한다.

제3장

시험지를
읽어주는
선생님

월요일 아침, 미혜의 모습이 무엇인가 다르다. 깨우지 않아도, 큰소리를 내지 않아도 먼저 일어나 무엇인가를 준비하고 있다.

"어머! 미혜야. 벌써 일어났어?"

"네! 엄마, 오늘부터는 달라지려고요!"

"정말? 야, 엄마가 아침부터 너무 기분이 좋은 걸!"

"히히!"

미혜는 아침의 신선한 공기를 마시면서 활기차게 학교로 등교한다. 평상시보다 20분 먼저 출발한 것이다.

"여보. 미혜가 무슨 일로 이렇게 학교를 일찍 가?"

"글쎄요. 저도 잘 모르겠는데요."

"에이, 그래도 두고 봐야지 뭐! 열심히 공부한다고 해 놓고서는 작심삼일된 것이 한두 번이 아니잖아!"

"과연 그럴까요?"

"뭐야, 그 자신감은? 둘이 무슨 얘기를 한 거야?"

엄마는 토요일 오전에 있었던 얘기들을 아빠에게 차근차근 들려주었다. 그리고 미혜를 초등학교 시절처럼 따뜻하게 대해주라는 당부의 말과 미혜가 자신의 공부를 마치고 쉬고 있을 때는 잔소리를 하지 말라는 얘기도 함께 했다.

"알았어, 알았다고. 둘이 잘해봐."

"둘이 하는 것이 아니라, 우리 가족 모두 하는 거예요."

"아침부터 잔소리하기야? 모처럼 달라진 미혜의 모습을 보니 나도 기분이 좋은데, 이런 기분 망치기 싫다고."

"그것 봐요. 당신도 미혜가 달라지니까 좋죠?"

"좋지, 내가 얼마나 사랑하는 딸인데……."

엄마와 아빠가 얘기를 나누고 있을 무렵, 미혜는 학교에 도착하여 오늘 배울 단원의 교과서를 읽고 있다. 평상시와 달라진 미혜의 모습을 보고 친구들이 말을 건넨다.

"미혜야, 너 무슨 일 있어?"

"아니."

"그런데, 왜 그래?"

"나 학원 그만두었거든. 그래서 학교 수업만으로 공부를 해야 해서 그런 거야."

"야, 집어치워라. 그게 하루아침에 되냐? 네가 그렇게 되면 내 손에 장을 지진다."

"……."

"이제 학원에서 너를 만나기 어렵겠네. 너와 같이 편의점에서 수다를 떠는 것이 재미있었는데, 조금은 아쉽다. 공부하다가 안 되면 다시 학원에 다닐 거지?"

"그래, 그렇게 할게. 그러니 내가 예전 모습과 조금 다르더라도 이해해 줘."

"알았어, 그런데 과연 잘할 수 있을까?"

수업이 시작되었다. 평소와 달리 선생님을 바라보는 미혜의 눈빛이 달라 보인다. 무엇인가 열심히 메모를 하고 필기도 하고 있다. 마치 선생님의 말을 하나도 놓치지 않겠다는 듯이……. 수업을 마친 후에도 자리에서 일어나지 않고, 배운 내용을 다시 읽어보면서 짧은 시간을 활용하고 있다.

친구들은 아직 이러한 미혜의 모습이 낯설지만 '며칠이나 하는지 두고 보자.'라는 생각으로 그저 지켜만 보고 있다.

　수업을 열심히 듣고 집으로 귀가하는 미혜의 가방에는 오늘 학교에서 배웠던 수업 내용이 가득하다. 가방의 무게가 평상시와 달라지기는 했지만, 무겁다는 생각보다는 이것들을 가지고 빨리 공부하고 싶다는 의욕이 넘친다.

　"엄마, 다녀왔어요."
　"그래, 오늘 어땠어? 힘들었지?"
　"아니요, 재미있던 걸요."
　"재미있었다고?"
　"네, 엄마. 그런데……."
　"응?"
　"오늘 처음 알았어요."
　"뭘?"
　"선생님들이 한 시간 동안 그렇게 많은 얘기를 하는지요. 예전에는 별말을 하지 않은 것처럼 느꼈는데, 수업에 집중을 하고 나니 '정말 엄청나게 많은 얘기를 하고 있구나'라는 것을 느꼈어요."
　"그래? 아주 좋아!"
　"그리고."
　"그리고, 뭐?"

"아이, 참. 말을 자르지 말고 끝까지 들으세요."

"알았어."

"그리고, 수업을 집중해서 듣고 나니, 선생님들이 중요하게 생각하는 내용과 중요하게 생각하지 않는 내용을 구분할 수 있게 된 것 같아요."

"맞아, 그게 중요해! 수업을 잘 듣지 않으면 모두 중요하게 느껴지지만 수업을 잘 들으면 그것을 구분할 수 있게 된다는 장점이 있지."

"그런 것 같아요."

미혜는 간식을 먹으면서 엄마와 짧은 대화의 시간을 가진 후 무거운 가방을 들고 자신의 방으로 들어간다. 한참 동안 방 안에서 꼼짝도 하지 않던 미혜가 7시가 조금 넘은 시간에 물을 먹기 위해 주방에 들어선다.

"다했어? 힘들지 않아?"

"네, 다했어요. 그런데 힘들지는 않아요. 평상시에는 학원에서 더 늦은 시간까지 수업을 들어야 하는데, 난 이제 쉬어도 되잖아요. 히히!"

"그래 잘했다. 역시 우리 딸이야!"

"그런데 엄마, 뭔가 공부가 잘되는 느낌이에요. 쉽게 이해도 되고, 기억도 잘돼요. 이유가 뭘까요?"

"그건 네가 학교 수업을 잘 들었기 때문이야. 수업을 잘 들었기 때문에 쉽게 이해가 되고, 기억도 할 수 있는 거야."

"그런가요? 엄마, 나 이제 쉴게요."

"그래, 알았어! 간식이라도 줄까?"

"아니요, 살찌기 싫어요. 히히!"

며칠이나 할까 걱정하던 엄마도 매일 같이 미혜가 일정 시간 동안 공부를 하는 모습을 보고, 기특한 마음과 행복한 마음이 교차한다. 학교에서도 이제는 미혜의 공부하는 모습을 보고 이러쿵저러쿵 하는 아이들도 없고, 미혜의 공부를 인정하는 분위기다.

"여보."

"왜요?"

"미혜가 제법인데? 며칠만 하고 말 것이라고 생각했는데, 꽤 열심히 하는 것 같아."

"꽤 열심히 한다고요? 아니요. 당신은 아직도 미혜를 잘 몰라요."

"뭘 몰라. 보면 다 아는데……. 이제 나도 조금씩 미혜를 인정한다고."

"미혜는 생각한 것보다 많이 변했어요. 처음에는 복습과 예습만 하더니 지금은 잘 이해가 되지 않거나 모르는 부분이 있으면 인터넷 강의를 듣기도 하고, 수첩에 적어 선생님과 친구들에게 물어보기도 해요."

"그래?"

"처음 시작했던 공부보다 훨씬 많이 해요. 미혜에게 물어보니 공부를 하면 할수록 아는 것도 많아지고, 궁금한 것도 많아지나 봐요. 그리고 그것을 해결하면 기분이 좋다는 얘기를 하기도 하고요."

"그것 참!"

"이번 시험에서 성적이 떨어지거나 크게 향상이 되지 않더라도 내색하지 말아요. 성적보다는 미혜의 공부하는 모습이 더 좋아 보이니까!"

"결과보다는 과정을 중요시하라는 얘기인가?"

"네!"

미혜가 집에 있는 시간이 많아지면서 아빠와 대화하는 시간도 자연스럽게 많아졌다. 아빠도 미혜가 공부를 열심히 하고 있다는 것을 느끼고 있기 때문에 훈계보다는 일상적인 대화를 하려고 노력하고 있다.

어느덧 시간이 흘러 시험일이 다가오고 있다. 미혜 역시 평상시보다 더 많은 계획을 세워 놓고 열심히 준비하고 있다. 이제는 오히려 엄마가 미혜의 공부를 말릴 정도로 미혜가 많이 변했다.

주말 동안 방 안에서 공부만 하던 미혜가 월요일 아침, 평상시보다 빨리 일어나 등교 준비를 하고 있다.

"미혜야, 잠 좀 잤어?"
"네, 잤어요. 그런데 조금 피곤하기는 해요."
"그래, 미혜야. 부담 갖지 말고, 시험볼 때 실수만 하지 마라."

"알았어요! 그런데 조금 떨리기는 해요."
"미혜야, 걱정 하지 마! 우리 딸은 잘할 거야. 파이팅! 알았지?"

언제 방 안에서 나왔는지 아빠가 미혜에게 파이팅을 외치고 있다. 아빠의 달라진 모습이 조금 당황스럽기는 하지만 마지못해 대답한다.

"아빠, 고마워요."

하루의 시험을 마치고 집으로 돌아온 미혜는 방 안으로 들어가 내일 볼 시험을 준비하기 시작한다. 엄마 역시 미혜가 부담을 가질 것 같아서 시험에 대한 얘기는 하지 않고, 미혜를 옆에서 지켜보고 있다.

오늘은 미혜의 시험이 끝나는 날이다. 시험이 끝나면 정답이 발표될 것이고, 가채점을 해보면 자연히 성적을 알게 될 것이기 때문에 엄마는 걱정과 한숨으로 하루를 보내고 있다.

"엄마! 엄마!"

미혜가 엄마를 애타게 찾고 있다.

"왜? 무슨 일인데?"
"엄마! 엄마! 놀라지마세요. 내 성적이, 성적이……."
"그래, 성적이?"
"성적이 90점이 넘었어요."
"뭐, 90점?"
"네."
"우와! 우리 딸 장하다, 장해."
"엄마, 좋죠?"
"응. 너무 좋다."
"다른 애들도 내 성적보고 다들 놀래요."

하루 종일 걱정했던 엄마는 미혜가 높은 성적을 받아오자 너무 기쁘다. 사실은 미혜의 성적도 중요하지만 '열심히 공부를 했는데 성적이 더 떨어지면 어쩌나.' 하고 걱정이 많았던 것이다.

"미혜야, 우리 이러지 말고 빨리 아빠에게 전화하자. 아빠도 걱정이 많으시더라."

"엄마가 하면 안 돼요?"

"아니야. 네가 직접 전화하면 더 좋아하실 거야."

"아이, 하기 싫은데!"

"어서."

주머니에서 전화기를 꺼내는 것을 보니 미혜도 아빠에게 전화하는 것이 싫지는 않은 모양이다.

"아빠, 저예요."

"응, 그래. 미혜구나. 집에 왔어?"

"네. 그런데, 아빠."

"응."

"아빠, 시험 끝났어요. 그런데……."

"그런데, 뭐?"

"성적이요. 많이 올랐어요!"

"뭐! 성적이 올랐다고? 그래, 얼마나?"

"90점 넘었어요!"

"뭐! 90점이 넘었다고? 우리 딸 장하다, 장해!"

"……."

"미혜야. 너 오늘 엄마와 함께 아빠 퇴근 시간에 맞춰 회사 앞으로 와!"

"회사 앞으로요?"

"그래, 아빠가 너무 기뻐서 맛있는 저녁 먹어야겠다. 알았지?"

"네."

한참 동안 아빠와 통화하던 미혜가 환한 미소를 지으면서

"엄마, 아빠가 이따가 회사 앞으로 오래요!"

"왜?"

"밖에서 저녁 먹자고 하시는데요?"

"아빠도 너무 기뻐서 그러신가 보다. 엄마는 너무 좋다."

미혜네 가족은 오랜만에 함께 모여 맛있는 저녁을 먹고 있다. 얼마 전까지도 생각하지 못한 일이다.

"고맙다. 미혜야. 그리고 아빠가 미안하구나!"

"아니에요. 아빠."

"그런데, 미혜야. 아빠가 궁금한 게 있는데, 물어봐도 되니?"

"어려운 것인가요? 어려운 질문은 싫은데요."

"아니야! 어려운 질문은 아니고……. 저번에는 학원까지 다니면서 성적이 많이 낮은 편이었는데 이번에는 학원도 다니지 않았고, 네가 편하게 쉴수 있는 시간도 많았는데, 성적이 많이 향상된 이유가 궁금해서……."

"습관과 방법의 문제였어요. 사실 학원에 가서도 시간만 보내면서 친구들과 놀기만 했어요. 그리고 학교에 가서는 학원에서 배웠다는 생각으로 수업을 제대로 듣지 않았어요. 지금 생각해보면 공부를 했다라고 하기보다는 시간만 보내는 식이었던 것 같아요. 하지만 이제는 알았어요. 무엇이 중요하고, 무엇을 하면 성적이 좋아질 뿐만 아니라 쉴 수 있는 시간도 많아지는지요."

"우리 미혜가 공부하는 방법을 알았구나. 이제부터 아빠는 미혜 팬이다. 좋아, 좋아."

엄마, 아빠는 미혜의 성적 향상보다 공부 습관과 방법이 완전히 달라졌다는 사실과 중요하고 덜 중요한 것을 알고, 지금 해야 할 일과 나중에 해도 될 일을 구분할 수 있게 되었다는 사실이 너무 기쁘다.

인수샘의 **자기 주도 멘토 !**

아무리 강조해도 지나치지 않은 학교 수업

많은 학생들이 학교 수업이 끝난 후 사교육을 받기 위해 교문 앞에서 학원의 차량을 타거나, 곧바로 학원으로 이동하는 것은 어제 오늘만의 일이 아닙니다. 학생들은 편의점에서 간단한 패스트푸드로 허기진 배를 채우고, 저녁 9시 또는 10시까지 공부하고 귀가합니다. 학원이 끝나고 집으로 돌아온 아이들은 엄마가 차려준 야식을 먹고, 곧바로 쓰러져 잠이 듭니다.

대부분의 학생들은 하루 종일 의자에 앉아 생활합니다. 따라서 비만 체형으로 바뀌어 가고 있는 아이들이 많습니다. 하지만 비만으로 바뀌어 가고 있는 것보다 학원 수업을 더 중요하게 생각하고 있는 것이 더 큰 문제입니다.

학원 선생님들은 학교 선생님이 가르치는 수업의 깊이를 따라올 수 없고, 시험 문제를 단 하나라도 출제할 권한이 없는 분들입니다.

학교 선생님의 수업이 재미없다, 따분하다고 느낄 수도 있지만 학교 선생님들은 각 교과에 대해 많은 지식을 가지고 있는 분들이고, 여러분뿐만 아니라 그동안 수많은 아이들을 지도하면서 나름대로 노하우가 많으신 분들이라는 점을 잊어서는 안 됩니다.

그렇다면 왜 학생들은 학원 수업을 더 좋아할까요? 학원은 수익을 내야 하는 사업입니다. 학원은 학원생이 없으면 절대로 운영할 수 없습니다. 그렇기 때문에 교육의 깊이보다는 흥미 위주의 수업을 진행할 확률이 높습니다.

사실 학원의 선생님들 중에는 굉장히 젊으신 분들도 있습니다. 심지어 어떤 학원에서는 대학교에 다니면서 저녁 시간에 학원에 나와 아르바이트 형식으로 수업을 하는 선생님도 있습니다.

또한 지금은 예전의 중학교 수업 방식과 달리 집중 이수제가 시행되고 있습니다. 같은 학년인데도 1~3반은 도덕을 배우고, 4~6반은 사회를 배우기도 합니다. 이런 경우, 학원은 난감합니다. 같은 학교 학생이면 사회만 가르치면 되는데, 이제는 반을 나누어 두 과목을 가르쳐야 하기 때문입니다. 대부분의 학원은 한 학교의 학생들만 다니지 않습니다. 그렇다면 각 학교의 집중 이수제의 과목이 다를 것이고, 학교마다 교과서도 다른데 어떻게 학교 수업 이상으로 아이들을 지도할 수 있는지 의문이 들 수밖에 없습니다. 결국 정상적인 수업보다는 간단한 유인물 암기와 시험 직전 문제 풀이를 이용하여 성적을 올리려고 할 것입니다. 이러한 방법으로 공부를 하면 잠시 성적이 오른다고 하더라도 머지않아 한계점에 이르게 되고, 결국은 포기를 하게 되는 것입니다.

과연 이러한 방법으로 공부를 하는 학원과 오랜시간 동안 학교에서 많은 학생들을 가르치고 지도한 경험이 많은 선생님들과 비교할 수 있을까요?

그렇다고 학원 자체가 나쁘다는 것은 아닙니다. 학교 수업에 우선 최선을 다했는데도 잘 이해가 되지 않는 과목을 선택하여 수강하는 것은 바람직합니다. 다만, 학교 수업에 최선을 다해야 한다는 것입니다.

미혜는 학교 수업을 전혀 중요하게 생각하지 않고 오직 학원 수업에만 의존하던 학생이었습니다. 아니 학원에 다니기는 했지만 학교 수업과 마찬가지로 집중을 하지 않았던 학생이었습니다.

미혜는 같은 과목인데도 하루에 두 가지 수업을 들었습니다. 학교 수업 내용을 학원에서 똑같이 배운다면 그나마 다행이겠지만, 대부분의 학원에서는 선행 학습을 하기 때문에 학원의 진도가 훨씬 앞서 있습니다.

하지만 학원에서는 진도만 앞서 나갈 뿐 수업이 제대로 이루어지지 않기 때문에 학생들에게 학교 수업에 대한 부정적인 인식만 심어주고, 실제로는 별 효과가 없습니다.

미혜의 성적이 오르게 된 것은 학원을 그만두었기 때문이기도 하지만, 학교 수업 외에는 자신이 배울 수 있는 곳이 없다는 생각으로 수업에 최대한 집중하고 예·복습을 꾸준히 한 영향이 더 큽니다.

여러분들은 아직도 수업과 공부를 구분하지 못하고 있을지 모릅니다. 수업은 교사가 학생에게 지식이나 기능을 가르쳐주는 일을 말하고, 공부는 학문이나 기술을 익히는 일을 말합니다.

수업은 배움을 받는 활동이고, 공부는 배운 내용을 익히는 활동입니다. 수업을 듣기만 하고 익히지 않으면 기억에서 모두 사라지지만, 열심히 익히면 결국 자기 것이 되는 것입니다.

미혜는 시험 출제자(학교 선생님)의 수업도 열심히 들었고, 공부한 내용을 익히는 활동을 매일 꾸준히 진행했기 때문에 시험 성적이 오를 수 있었던 것입니다.

그리고 미혜는 오히려 여가 시간이 많아졌습니다. 학원에 다닐 때는 학교 수업을 마치고 학원에 다녀오면 9시나 10시였는데, 지금은 2개의 수업이 아니라 1개 수업에만 집중하기 때문에 7~8시면 하루 공부를 끝낼 수 있다는 것입니다. 이렇게 공부하면 스트레스가 줄어들고, 취미 생활도 할 수 있으며, 이 밖에 다양한 활동을 할 수 있는 시간도 생깁니다.

2개의 수업에 많은 시간을 투자하고, 자신만의 시간도 없으면서, 성적도 좋지 않은 학원을 선택하는 것이 나을까요, 아니면 학교 수업에 최선을 다하고 배운 내용을 익히는 공부를 열심히 하는 것이 나을까요? 여러분이 선택해보세요.

시험 문제를 내는 선생님은 누구?

학교 수업에 집중하면 알 수 있는 시험문제 삐약~

(학교 선생님) 삐약~

Theme

2

시간만 나면 책을 읽는 소윤이

아는 것이
많으니
공부가 쉽다

제1장

여름이 지나고 이제 제법 나뭇잎들이 물들기 시작한다. 소윤이가 중학교에 입학한 지 벌써 두 학기에 접어들고 있다.

여느 때와 마찬가지로 많은 학생들이 오전 수업을 듣는 동안 쏟아부었던 에너지를 보충하기 위해 급식실로 달려온다. 급하게 달려오지 않아도 먹고 싶은 만큼 먹을 수 있는데도 다른 아이들보다 좀 더 빨리 먹고 싶다는 생각 때문에 서두르는 학생이 많다.

무리를 지어 달려오는 학생들 속에 학년 전체에서 꽤나 공부를 잘한다고 소문난 소윤이의 모습이 보인다. 소윤이는 1학기 통틀어 전체 3등을 한 똑똑하고 성실한 학생이다.

그런데 소윤이가 밥을 빨리 먹으려고 하는 이유는 아주 단순하다. 밥을 빨리 먹게 되면 기다리는 시간이 줄어들고, 혼자서 즐길 수 있는 점심시간이 늘어나기 때문이다.

"소윤아, 많이 먹었어?"

소윤이를 뒤따라 나오던 하늘이가 말을 건넨다.

"응, 먹기는 했는데, 오늘은 맛이 별로!"
"그치? 난 오늘 나온 멸치볶음의 멸치가 워낙 커서 생선볶음인줄 알았다."
"뭐? 하하."
"소윤아, 우리 매점에 가서 커피 한 잔 할까?"
"커피? 그래 좋아, 달달한 물을 좀 넣어주자!"
"똑똑한 애가 표현이 그게 뭐니?"
"뭐가?"
"달달한 물이 뭐니?"
"좀, 그런가?"

매점에서 커피를 하나씩 들고 나온 두 학생은 한적한 곳에 위치한 의자에 앉아 낙엽 사이로 불어오는 바람을 맞으면서 도란도란 얘기를 하고 있다.

"그런데, 소윤아!"

"응!"

"나는 놀기도 바쁜데, 너는 왜 시간만 나면 책과 씨름을 하고 있니?"

"책과 씨름을 한다고? 내가? 나는 그냥 할 일도 없고 해서 독서를 하는 것이지, 공부를 하는 것은 아니야. 취미 생활을 하는 거야."

"아이, 그래도 맨날 책만 읽고 있어서 함께 놀자고 하기가 가끔 민망할 때가 있어."

"그런가? 하긴 다른 친구들도 그런 얘기를 한 적이 있는 것 같아."

"책을 읽는 것이 그렇게 좋으니?"

"응? 아니. 꼭 그렇지는 않아."

"그렇지 않으면 다른 아이들처럼 어울리기라도 하지, 맨날 의자에 앉아서 책만 읽냐? 너, 독서 중독이냐?"

"내가 미쳤냐? 나도 놀고 싶고, 수다도 떨고 싶고 그래. 하지만 책을 읽어야 하는 이유가 있어."

"책을 읽어야 하는 이유가 있다고? 너희 엄마, 아빠가 매일 검사라도 하니? 아니면 논술 학원 숙제?"

"히히, 아니야. 나, 논술 학원에 다니지 않거든. 그리고 엄마와 아빠가 검사할 정도로 내 할 일을 못하는 아이도 아니야."

"아이, 그럼 뭔데!"

하늘이는 소윤이가 항상 책을 읽는 이유가 궁금한지 계속 물어본다.

"머리가 멍청해서 그래."

"뭐? 네 머리가 멍청하다고!"

"전교 3등하는 아이가 머리가 멍청하다면, 나는 돌대가리냐? 요즘에는 공부를 잘하는 것들이 더 난리라니깐."

"아니야, 진짜 그래."

"됐어, 됐다고. 애는 밥 잘 먹고, 커피도 잘 마시면서 거짓말을 하고 그 래, 재수 없다."

하늘이는 소윤이의 말이 정말 황당한 모양이다. 공부도 제법 잘하는 아이의 입에서 독서를 많이 하는 이유가 머리가 멍청하기 때문이라니……. 한편으로는 소윤이가 자기에게 무엇인가를 알려주지 않기 위해 일부러 거짓말을 하고 있다는 생각이 들어 점점 기분이 나빠지기 시작한다.

"아니야, 진짜 그래."

"야! 됐거든, 이 돌대가리 더 이상 비참하게 하지 마라. 말 같은 소리를 해야 말로 들어주지."

"진짜라니까."

"알았어. 얼른 들어가자. 너와 함께 있으니 짜증이 나려고 한다."

소윤이도 조금은 당황스럽다. 하늘이가 물어보는 말에 대해 사실대로 얘기했기 때문이다. 자신이 독서를 하는 이유는 부족한 배경지식을 채워서 더 쉽게 이해하기 위한 것이고, 좀 더 깊이 있는 학습을 하기 위한 것인데, 하늘이가 그것을 알아주지 않자 조금 아쉽다.

"하늘아, 내 말 잘 들어. 네가 보기에는 그냥 내가 독서하는 것으로 보이겠지만, 나는 사실 교과와 연계되는 내용이 담긴 책을 읽고 있는 거야."

"교과와 연계되는 내용? 그게 뭔데?"

"음, 내가 지금 읽고 있는 책은 지구의 지표에 관한 내용이야. 이 책에는 교과서의 내용보다 더 자세한 내용들이 많이 있어. 어쩌면 이 책 속의 내용 중에서 일부분만을 발췌하여 교과서를 만들어 놓은 것 같은 느낌도 들어."

"그래서?"

"그래서가 뭐니? 나름대로 성실하게 말하고 있는데."

"알았어, 알았어! 그것이 어쨌다는 거니?"

"사실 나는 과학을 가장 힘들어 했어. 수업을 들어도 잘 모르겠고, 외워야 할 내용이 너무 많은 것도 힘이 들었어!"

"맞아, 이해가 안 되면 물리는 어렵고, 암기가 안 되면 생물이 어렵고, 맞아, 맞아!"

"그래서 책을 읽는 거야!"

"그게 무슨 뚱딴지같은 소리야! 잘 나가다가 너는 한 번씩 확 깬다. 짜증나게."

"잘 들어! 교과서 내용과 연계되는 책에는 교과서보다 자세한 지식들이 많아. 그리고 그 지식을 우리가 이해하기 쉽도록 다양하게 설명해 놓고 있지. 예를 들면 만화, 실사 사진, 일러스트 등과 같이 교과서보다 더 다양하고 자세하게 설명해주고 있잖아."

"그래, 맞아."

"그 내용을 먼저 읽어보고, 학교 수업을 듣거나 공부를 하면 어떻겠니?"

"교과서의 내용과 연관된 내용이기 때문에 좀 더 이해하기가 쉽겠지!"

"그래, 그거야! 난 머리가 나빠서 그렇게 공부를 하지 않으면 안 되니까 맨날 책을 읽어서 배경지식을 쌓아놓고 공부를 하거나, 공부를 하는 도중에 잘 이해가 되지 않으면, 그 부분을 찾아 읽으면서 이해하려고 노력하는 거야."

"음, 알 것도 같고 모를 것도 같고, 알쏭달쏭하다."

"나도 다른 아이들처럼 한 번만 보고 기억하면 이렇게 틈틈이 책을 읽지 않아도 되는데, 머리가 나빠서 이렇게 하지 않으면 좀처럼 기억이 되지 않아!"

"듣고 보니, 너 머리가 나쁜 아이구나!"

"뭐?"

"그렇구나! 나도 한번 따라 해볼까! 그런데 효과가 있어?"

"나, 전교 3등이야!"

"자랑이다. 그러니까 효과가 있느냐고."

"응, 분명히 효과가 있어. 일단은 독서를 하면서 지식이 많아지니까 선생님이 무엇을 얘기하고 있는지 확실히 알 수 있고, 이해가 잘돼. 그리고 이해가 잘되는 만큼 기억해야 하는 분량도 많이 줄어드는 것 같아."

"이해면 이해지, 기억하는 분량이 줄어든다는 것은 뭐야?"

"아니야, 분명히 줄어들어."

"어떻게?"

"너, 방과 후 수업 뭐 듣지?"

"방송 댄스."

"그래, 그렇다면 방송 댄스를 하기 위한 각종 용어들이 있지?"

"응."

"좋아, 이번 체육 시험에 방송 댄스에 관련된 내용이 나온다고 가정해보자. 그러면 내가 외우고 공부할 내용이 많을까, 아니면 네가 많을까?"

"당연히 너겠지."

"왜 그렇게 생각하지?"

"나는 배우고 있잖아. 그러니까 더 많이 알고 있지."

"많이 알고 있다는 것은, 많이 이해하고 있다는 것과 같아. 그렇지?"

"그래."

"네가 방송 댄스에 대해 더 많이 알고 있기 때문에 나보다 덜 기억해야 하는 것처럼 나도 책을 많이 읽어서 학교 수업 내용을 다른 사람보다 더 많이 이해하고 있기 때문에 기억해야 하거나 공부해야 할 분량이 적은 거야. 무슨 말인지 알겠니?"

"아, 그렇구나!"

"입 다물어, 낙엽 들어간다."

"아, 그런 이유가 있었구나!"

"미안하다."

"뭐가 미안해?"

"아까 네가 머리 나빠서 책을 읽는다고 했잖아. 그때 내가 믿어주지 못해서……. 너 진짜 머리가 나빠서 그렇게 독서를 했구나."

"이게 진짜."

"하하하."

조금만 알아도 집중력이 높아진다

제2장

하교 시간. 아이들이 각자 빠른 걸음으로 교문을 나서고 있다. 제법 찬바람이 부는 초가을인데도 아이들의 모습이 밝아 보인다.

소윤이가 낙엽들을 하나둘씩 밟으면서 걷고 있을 때, 저 멀리서 하늘이가 소윤이를 부르고 있다.

"소윤, 멍청이!"

"아! 돌대가리."

"하하."

"야! 남들이 보면 우리 못난이 자매인줄 알겠다. 그만하자!"

"나는 재미있는데?"

"으이구, 네 마음대로 해라."

좋은 호칭은 아니지만 왠지 싫지는 않은 모양이다. 오히려 이러한 호칭으로 인해 두 사람의 우정은 더욱 돈독해진다.

"소윤아! 멍청이가 왜 그렇게 독서를 했는지 조금은 알겠는데, 수업을 받을 때 집중이 되지 않는 이유는 무엇일까?"

"응?"

"아이, 참. 수업을 들을 때 집중이 되지 않는다고!"

"아, 집중!"

"응."

"그건, 나도 잘 모르는데."

"너는 공부를 잘하면서 모른다는 것이 말이 되냐? 너, 나한테 가르쳐주기 싫어서 그러는 거지?"

"아니야, 진짜 몰라서 그래!"

"뭐?"

"진짜 모르기는 하는데……."

"하는데?"

"먼저 읽느냐, 나중에 읽느냐의 차이일 거야!"

"무슨 뚱딴지같은 소리야?"

"아니야, 진짜야."

"뭐가 진짜야, 답답하니까 구체적으로 설명해봐."

"말을 많이 하니까 목이 마르다."

소윤이는 편의점 앞에서 움직이지 않고 가만히 서있다. 마치 하늘이에게 시원한 음료수를 사오라는 듯이…….

"알았어, 음료수 마시면서 얘기하자."

소윤이는 미소를 지으면서 편의점 안에 있는 작은 의자에 앉아 창 밖을 바라보고 있다. 길거리의 낙엽들이 바람 부는 대로 이리저리 흩날리고 있다.

"자!"

"고마워."

"그럼 얼른 얘기해봐!"

"뭘?"

"아이, 참. 얘가 오늘 왜 이렇게 능글맞아."

"알았어, 알았어. 그만할게"

"빨리 해. 또 놀리면 화낸다."

"나는 다음 주의 수업을 미리 예상하고 다음 주가 되기 전 주말까지 다음 주의 수업 내용과 관련된 책을 미리 읽어. 그런데 너는 어떠니?"

"그런 거였어?"

"나는 오늘 수업을 받고 수업과 관련 있는 책을 읽어."

"내 그럴 줄 알았다."

"뭐냐."

"가장 중요한 것은 네가 책을 읽었다는 거야. 책을 안 읽고 공부하는 것보다는 훨씬 공부하기가 편하지?"

"응."

"책을 읽는다는 것은 참 좋은 것인데, 책을 읽을 때 약간의 전략도 함께 있으면 더 좋은 결과가 나타나기도 해!"

"더 좋은 결과라는 것은 뭐니?"

"나는 미리 책을 읽는다고 했어. 그렇지?"

"응!"

"미리 책을 읽었기 때문에 수업을 들을 충분한 배경지식이 쌓여 있겠지?"

"응."

"그리고 미리 읽었기 때문에 내가 알고 있는 부분이 나오면 더 관심 있게 수업을 들을 수 있게 되는 것이지."

"그렇다고 집중이 잘되냐?"

"이렇게 생각해보자. 수많은 방송 채널 중에 한 채널에서 방송 댄스가 나온다면 다른 채널에 비해 그 채널에 집중도가 높아지겠니? 낮아지겠니?"

"당연히 높아지겠지."

"똑같은 거야. 네가 관심을 가지고 있는 내용이 많으니까 당연히 집중이 잘되는 것이지!"

"그런가?"

"당연하지. 그리고 집으로 돌아와서 수업 중에 잘 이해가 되지 않은 내용에 대해서는 읽었던 책을 다시 찾아보거나 참고서나 인터넷 검색을 통해 정보를 찾아서 공부하면 기억이 엄청 잘돼."

"아하! 그렇구나."

"수업료가 음료수 하나라니 좀 싼 것 같은데."

"알았어. 내가 아이스크림 하나 더 쏜다!"

"히히."

제3장

목표를 설정하면서 책을 읽어라

소윤이와 이런저런 얘기를 하던 하늘이의 모습이 많이 달라 보인다. 쉬는 시간이면 이 반 저 반 돌아다니면서 치마를 입고 발차기를 하던 모습이 엊그제 같은데, 이제는 책상에 앉아서 책을 읽기도 하고, 교과서를 펼쳐보기도 한다.

"야!"

책을 읽다가 화들짝 놀란 소윤이가 뒤를 돌아본다. 하늘이가 밝은 모습으로 웃고 있다.

"깜짝 놀랬잖아!"

"히히!"

"뭐야, 그 웃음은?"

하늘이가 묘한 웃음을 지으면서 앞자리 의자에 걸터앉아 턱을 괴고 소윤이를 쳐다보고 있다.

"뭐냐고."

"소윤아, 너는 왜 한결같니?"

"뭐가? 그런데 너는 많이 달라졌더라."

"응, 그래 맞아. 나도 조금은 달라졌어!"

"무슨 말이 하고 싶은 건데?"

"아니, 그냥."

"할 말 있으면 빨리 해! 사람 궁금하게 만들지 말고."

"없다니까. 그냥 네 얼굴 보고 싶어서 왔어."

하늘이는 소윤이의 얼굴을 빤히 들여다본다. 소윤이도 하늘이의 얼굴을 들여다보고는 있지만, 왠지 쑥스럽기도 하고 얼굴에 무엇이 묻어 있는 것 같은 기분이 들기도 한다.

"아이, 답답해."

"답답하지? 그치?"

"그래, 어서 말해. 말 안 하면 교실 밖으로 나가버린다."

"알았어, 알았다고. 나는 기분이 좋으면 책을 읽고 기분이 나쁘면 전혀 책을 읽지 않는데, 너는 어떻게 한결같이 책을 읽고 있는지가 궁금해."

"그게 궁금해서 나를 이렇게 괴롭히는 거였어? 하지만 난 몰라."

"뭐? 모른다고? 얘가 사람 잡네, 말하라고 해 놓고서는 모른다고 가라고 하다니!"

"모르니까 할 얘기가 없어서 그래."

"헐~"

"네가 먼저 나를 놀라게 하고, 이상한 미소를 짓고, 나를 궁금하게 만들었잖아!"

"히히, 미안하다."

하늘이가 소윤이 앞에서 몸을 꼬고 있다. 애교스러운 미소를 보내기도 하고, 어깨를 주물러주기도 하면서 소윤이가 빨리 대답해주기를 기다리고 있다.

"알았어. 얘기해줄게. 잘 들어! 나는 그냥 책을 읽기보다는 목표를 세워 놓고 읽는 편이야!"

"목표를 세워 놓고 읽는다고?"

"응, 예를 들어 200페이지 분량의 책이 있다고 가정해보자. 그러면 200

페이지를 막연하게 읽는 것이 아니라, 며칠 동안 읽을 것인지를 먼저 생각하고, 내가 하루에 읽어야 하는 분량을 정해서 책을 읽어."

"뭐가 그리 복잡하냐."

"아니야, 전혀 복잡하지 않아, 200페이지 분량을 4일 동안 읽는다고 생각하면 하루에 50페이지만 읽으면 되는 거야."

"그냥 읽는 것과 그렇게 읽는 것과 무슨 차이가 있는데? 읽는 것은 똑같잖아."

"아니, 그때그때 달라. 어떤 일을 하고 있다고 가정해보자. 목표가 있을 때 일이 잘되니? 목표가 없을 때 잘되니?"

"당연히 목표가 있을 때지."

"그것 봐. 내가 막연하게 책을 읽는 것과 하루에 50페이지를 읽는다고

하루에 50p씩 5일이면 250p
– 자투리 시간 활용으로 충분 –

하루에 250p(한 권 분량)
– 많은 시간 필요 –

에이!

생각하고 읽는 것 중에 어떤 것이 더 꾸준히 책을 읽게 될 것 같니?"

"……."

"그래서 나는 오늘 50페이지의 분량을 읽기 위해서 이렇게 틈틈이 책을 읽는 것이란다. 사실 50페이지 정도는 자투리 시간만 잘 활용해도 충분히 읽을 수 있어! 그런데 너는 단 한 번에 읽으려고 하지?"

"응."

"그래서 책 읽기가 싫은 것이고, 싫으니까 읽지 않는 거야."

"아이고, 똑똑이 나오셨네."

"얘는 알려달라고 할 때는 언제고, 다 배우고 나서는 꼭 이상한 소리하더라."

"히히. 아니야. 고마워. 나도 그렇게 해야지."

소윤이는 이렇게 대답하고 돌아서는 하늘이의 팔을 잡고 놓지 않는다.

"왜?"

"수업료 없어?"

"수업료?"

"응."

"없어."

하고는 재빨리 몸을 날려 자기 자리로 돌아가버린다. 그런 다음, 교과서를 펴고 독서에 빠져들기 시작한다.

가장 큰 공부의
밑거름은 독서이다

공부를 잘하는 학생과 못하는 학생의 가장 큰 차이점은 집중력이 아니라 이해력이라고 할 수 있습니다. 자신이 관심을 가지고 있는 분야라면 당연히 재미를 느낄 것이고, 재미가 있다는 것은 집중력이 높다는 것을 의미합니다. 이와 반대로 수업 내용을 이해할 수 없다면 재미를 느낄 수도 없기 때문에 당연히 집중력도 떨어질 것입니다.

학교에서 수업을 받다 보면 나는 하나도 모르겠는데 어떤 아이는 선생님이 설명해주시는 내용을 잘 이해하고, 발표도 잘하는 모습을 볼 수 있을 것입니다. 이런 학생이 공부를 잘하는 이유는 수업에 관련된 배경지식이 많기 때문입니다. 이 학생은 분명히 이해가 잘되지 않거나 배경지식이 부족한 학생들보다는 공부하는 과정에서 기억해야 할 분량이 적을 것이며, 쉽게 기억하고 오랫동안 기억할 것입니다.

'나는 기억력이 좋지 못해!'
'나는 머리가 나쁜가봐!'
'왜! 이리 기억해야 할 것이 많은 거야!'

이러한 고민을 한 번쯤 했던 학생이라면 자신의 독서량과 독서 방법 그리고 독서 습관을 다시 한 번 점검해보세요.
10개를 기억하는 것이 좋을까요?
5개를 기억하는 것이 좋을까요?

당연히 5개를 기억하는 것이 좋다고 할 것입니다. 같은 단원의 공부를 하는데 누구는 10개를 기억하고, 누구는 5개를 기억하는 것의 가장 큰 차이점은 이해력과 배경지식이라고 할 수 있습니다. 그동안의 꾸준한 독서를 통해 수업 내용과 관련된 많은 책을 읽은 학생이라면 배경지식이 충분하기 때문에 기억해야 할 대상이 줄어들고, 배경지식이 없는 학생이라면 이해하기도 어려울 뿐만 아니라 기억해야 할 대상도 많기 때문에 시간이 오래 걸리고 기억하기도 어려운 것입니다. 이러한 방법으로 공부하면 따분함과 지루함을 가중시켜 결국 집중력과 기억력마저 떨어뜨립니다.

머리가 나쁜 것도 아니고, 기억력이 나쁜 것도 아닙니다. 배경지식이 부족하기 때문에 기억할 내용이 많고, 기억하는 시간이 오래 걸리는 것입니다. 오랫동안 기억하고, 공부의 속도를 높이기 위해서는 독서를 통해 많은 배경지식을 쌓는 것이 좋습니다.

'독서하는 것이 좋은가요? 힘들게 공부하는 것이 좋은가요?

모두 독서를 하는 것이 좋다고 할 것입니다. 이제부터 힘들게 공부하지 말고 매일 일정한 시간 동안, 꾸준히 독서를 하도록 합시다. 여러분은 아직까지 독서할 시간이 충분합니다. 만약 시간이 없다면 효과적으로 독서하는 방법을 익히는 것도 좋은 생각일 것입니다. 독서할 시간이 없다고 하는 것은 변명입니다. 놀 것 다 놀고, 텔레비전 볼 것 다 보고 독서할 시간이 없다고 하는 학생은 앞으로 힘들게 공부할 가능성이 높습니다. 아무리 바쁜 일정이라도 매일 꾸준히 독서를 해야만 향후 중·고등학교 시절에 여러분의 능력에 날개를 달 수 있을 것입니다.

Theme

3

정리 비법의 달인, 영혜 그리고 민주

기억력보다 더 중요한 것이 있다

제1장

시험이 끝난 지 일주일이 흐른 주말.

많은 학생들이 시험 기간 동안 쌓인 스트레스를 풀기 위해 거리를 헤매고 있다. 하지만 영혜는 시험 공부를 하느라 읽지 못했던 책을 읽기 위해 시립 도서관을 찾았다. 도서관의 구석구석에서 찾은 책들을 책상에 올려놓고 집중해서 읽기도 하고, 작은 수첩을 꺼내어 무엇인가를 열심히 적기도 한다. 영혜를 바라보고 있으면 독서를 한다기보다는 논문을 작성하기 위해 자료를 준비하고 있는 것 같다.

이러한 모습을 계속 지켜보던 단발머리의 여학생이 영혜에게 다가온다.

"영혜야!"

"어, 민주구나."

"응, 잘 지냈어? 학교 졸업하고 처음이네. 정말 오랜만이다."

"응, 그러네."

"내가 아까부터 계속 지켜보고 있었는데, 책을 읽으면서 무엇인가를 자꾸 쓰는 것은 지금도 여전하더라."

"뭘 그런 것을 보고 그러냐."

"우리 오랜만인데 휴게실에서 음료수 한 잔하자."

그러면서 민주는 영혜의 책을 덮어버린다. 민주의 손놀림이 어찌나 빠른지 영혜는 그 손을 막지도 못하고, 그만 민주를 따라 휴게실로 향한다.

"우리, 얼마만이냐! 음, 생각해보니 졸업하고 6개월만이네."

"벌써 그렇게 시간이 흘렀네."

"얘기 들었어. 너희 학교에서 계속 1등이라며?"

"뭐, 그냥 그래!"

"뭐가 그래! 좋으면 좋은 거지! 나도 1등하고 싶은데, 너무 부럽다."

"……."

"우리 엄마는 초등학교 시절만 생각하나봐, 네가 초등학교 때에는 항상 1등이었잖아. 그래서 중학교에서도 계속 1등할 줄 알았나봐. 그런데 1등을 한 번도 하지 못하니 엄마가 요즘 실망을 하셔서 나하고 말도 잘 안 해!"

"그래, 너는 다른 아이들보다, 아니 나보다 기억력이 좋아서 시험 기간에 반짝 공부를 하고도 항상 나보다 성적이 좋았잖아."

"내가 너보다 초등학교 때 성적이 좋았다는 것을 인정하지? 다른 아이들이 물어보면 꼭 그렇게 말해줘라 알았지?"

"왜 그래야 하는데?"

"사실은 네가 계속 1등이라는 얘기는 해수를 통해 들었거든. 그 말을 듣고 내가 초등학교 때는 영혜보다 공부를 잘했다고 하니까 믿지를 않는 거야."

"해수한테 내 얘기를 들었구나!"

"아니, 해수뿐만 아니라 대부분의 아이들이 네가 계속 1등이라는 사실을 알고 있어!"

"그래, 어떻게?"

"우리 초등학교 출신 중에 너만 계속 1등이잖아. 그러니 애들이 다 알 수밖에 없지!"

"……."

"해수도 그러더라. 사실 네가 중학교에 가서 그렇게 공부를 잘할 줄은 몰랐다고. 해수 생각에는 나 아니면 준수가 1등할 줄 알았다고 하더라!"

"그래, 그렇게 생각할 수도 있겠다. 민주 너하고 준수는 학교에서도 알아주는 똑똑한 애들이었잖아. 나야 뭐, 맨날 열심히는 했지만 결국 시험에서는 너희 둘이 항상 1, 2등을 독차지했잖아!"

"그때 우리 반 애들이 시험을 보고 나면 너 많이 흉을 봤는데, 너 알고 있었어?"

"응, 조금은 알아! 그래서 시험을 보고 나면 더 속상했어."

"시간이 많이 흘렀으니까 얘기해줄게. 너는 맨날 열심히 필기하고, 그 필기한 내용을 보고, 또 보고 해도 나하고 준수보다 못한다고 하면서 너보고 멍청하다는 얘기를 많이 했어."

"나하고 똑같은 생각을 했네. 나도 시험을 마치고 나면 내 머리가 돌대가리라고 생각했거든."

"뭐? 돌대가리? 그건 아니다. 우리는 단지 네가 멍청하다고 했을 뿐이야."

"뭐, 멍청이나 돌대가리나 거기서 거기지."

"그런가?"

"번지수를 꼭 말해야 이해가 되냐?"

"그래, 맞아. 참! 너 요즘도 노트 필기 열심히 하니? 초등학교 때, 네 노트만 보면 감탄사가 저절로 흘러나왔는데, 지금도 그렇게 열심히 필기를 하니?"

"노트 필기? 음, 조금 방법이 달라지기는 했는데 아직도 열심히 필기를 해. 사실 나는 필기하는 것이 습관이 되어서 필기를 안 하면 왠지 찝찝해. 너도 이제 필기하지?"

"필기? 아니 아직까지 필기는 제대로 해본 적이 없어. 그냥 선생님이 칠판에 무엇인가를 적으면서 수업하면 그 내용만 보고 적는 정도?"

"안 돼! 초등학교 때와 중학교 때는 달라. 너 반에서 몇 등 정도 하니?"

"갑자기 왜?"

"왜라니? 너는 내 등수 알고, 나는 네 등수를 알면 안 되냐?"

"음, 이번에는 6등?"

"전교 6등?"

"아니, 반에서 6등."

"뭐? 반에서 6등?"

"그래도 이번에는 조금 올랐어."

"……."

그러고는 잠시 침묵의 시간이 흘렀다. 얘기가 멈추고 서로 간에 말이 잠시 멈추었다는 것은 민주의 성적에 안타까움이 많기 때문이다. 초등학교 시절의 민주는 학교에서도 기억력 천재라는 소문이 있었기 때문이다. 시험 기간에 반짝 공부를 하고도 1등을 여러 번 했던 민주가 중학교에 가서 반에서 6등 정도밖에 못한다고 하니 믿어지지 않는 것이다.

"민주야! 내 생각에는 네가 초등학교 때 경험을 빨리 버리는 것이 좋겠다."

"초등학교 때의 경험?"

"응, 너는 초등학교 때 매일 꾸준히 공부를 하지 않고, 시험 기간에만 공부해서 좋은 결과를 얻었던 경험들이 많잖아."

"응, 맞아."

"그런데 그 경험들이 지금 너에게는 좋지 않은 영향을 미치고 있는 것

같아!"

"좋지 않은 영향?"

"응, 너는 매일매일 공부하지 않아도 시험 때만 공부하면 시험을 잘 볼 것이라는 생각을 하고 있는 것 같아!"

"그런가?"

"아니, 그럴 거야! 하지만 초등학교 때와 중학교 때의 공부는 많이 달라. 초등학교 때에는 기억력이 좋은 아이들의 성적이 좋지만, 중학교 때에는 공부할 분량이 많아지기 때문에 매일 노력하는 아이들의 성적이 좋은 것 같아."

"그런가?"

"분명히 그래! 정말 공부를 잘하는 아이들은 배경지식도 많고, 머리도 똑똑하고, 매일 꾸준히 노력하는 아이들이야. 그런데 나는 머리가 똑똑하지 않은 것 같아서 걱정이야."

"웃기고 있네. 1등이 걱정이면, 나는 어쩌라는 거냐?"

"아니야! 그렇게 생각하지 마. 지금 우리 학교에서는 1등인지 몰라도 언젠가는 전국의 아이들과 경쟁해야 하는데, 그때는 분명 한계가 올 것 같기도 해!"

"넌, 걱정도 많다. 내가 네 정도면 걱정 하나도 없이 하루하루가 즐거울 것 같은데?"

"아니, 아마 너도 매일매일 공부하면서 필기하면, 나보다 더 성적이 좋을 걸."

"왜?"

"초등학교 때부터 너를 잘 알잖니! 너는 머리가 천재라는 소문도 있었잖아. 그 똑똑한 머리에 매일매일 공부하는 습관까지 가지고 있으면 나보다 더 잘할 걸!"

"진짜 그럴까?"

"그럼, 넌 나보다 더 잘할 수 있을 것 같아서 조금 걱정되기는 하지만 일단 나하고 학교가 다르니까, 뭐."

"그런데 어떻게 해야 하는지 하나도 모르겠어."

"그래도 공부는 해보았을 것 아니니? 그 공부를 매일매일 하는 거야."

"그럼 그냥 참고서 읽거나 외우고, 문제 풀이를 매일매일 하라는 거니?"

"뭐? 참고서를 읽거나 문제를 푼다고? 너는 교과서 안 읽어? 노트 정리는 안 해?"

"교과서는 왜 읽어? 그냥 참고서를 보면 중요한 내용이 다 있는데!"

"그럼, 그 참고서에 있는 내용을 다 외울 수 있어?"

"뭐, 외워지기도 하고, 그냥 그렇지. 야! 내가 그 내용 다 외웠으면 반에서 6등을 하겠냐?"

"으이그, 그러니까 맨날 그 점수지."

"뭐라고? 나, 화낸다."

"아니, 미안! 내가 공부하는 방법을 알려줄 테니까 잘 들어보고, 네가할 수 있는 것은 바로 실천하는 것이 좋을 거야!"

"알았어!"

"일단 나는 학교 수업은 어떠한 일이 있어도 잘 들으려고 노력해! 최대한 집중하면서 메모와 필기도 열심히 해! 그리고 수업이 끝난 후에 잠깐 동안 수업 내용을 읽어!"

"그런 다음에?"

"음, 그리고 그 교과서와 노트, 유인물을 가지고 집으로 돌아와서 다시나만의 노트 필기를 하면서 다시 한 번 복습하고, 그 노트를 매일 읽어."

"또 노트 필기야? 나는 쓰는 것이 제일 싫어! 뭐하러 자꾸 써. 어차피 참고서에 다 있는 내용인데 그것을 보면 되지, 왜 자꾸 팔 아프게 필기를 해."

"너, 노트 필기 해본 적 없지?"

"있어. 나도 노트 있다 뭐."

"선생님이 칠판에 적은 내용 베껴 쓴 노트?"

"……."

"맞구나. 그것 말고 네가 스스로 정리한 노트 말이야! 너 교과서 1단원 보고, 그 내용을 노트 정리할 수 있어?"

"없는데."

"그것 봐, 그래서 너는 공부를 안 한 거야!"

"근데, 꼭 노트를 정리해야 공부를 잘하는 거니?"

"그것은 뭐라고 대답하기는 힘들지만, 공부를 잘하는 학생들의 대부분이 노트 정리를 열심히 잘하는 아이들이라고 어느 책에서 읽었어!"

"나도 읽기는 했어."

"그래서 초등학교 시절부터 정리하는 습관을 만들었던 거야. 그런데 초등학교 때와 다른 것은 단순히 보고 기록하는 것은 아니라는 거야."

"그것은 또 무슨 말이야?"

"나는 노트 정리를 잘하기 위해서 일단 학교 수업을 열심히 들어, 아마 완벽하게 정리할 생각이 없었다면 학교 수업도 대충 들었을 거야!"

"설마, 노트 정리 때문에 열심히 들었을라고?"

"글쎄! 나 같은 경우는 그래. 수업 내용을 완벽하게 한 번에 정리하려고 마음을 먹으니까 오히려 수업에 집중하게 되고, 또 열심히 메모와 필기도 하게 되던데?"

"그럴 수도 있겠다. 수업을 듣지 않으면 교과서 내용만 정리하게 되니까."

"그렇지! 그리고 또 있다. 수업을 들으면서 이해가 안 되면 표시를 해두었다가 선생님께 질문을 하기도 하고, 다른 자료를 찾아보면서 정리를 하게 되거든. 어쩌면 이러한 과정을 거치면서 공부를 더 하게 되는 것 같아. 심지어 찾아보아도 없던 자료를 어디선가 발견하게 되면 엄청 기쁠 때도 있어!"

"좋기도 하겠다. 그러면 노트는 어떻게 작성하는 거야?"

"어떻게?"

"응."

"펜으로 작성하지!"

"야! 지금 농담하냐? 난 답답해서 죽겠다."

"미안, 내 노트는 단권화가 원칙이야!"

"단권화? 그게 뭔데?"

"하나의 노트에 모든 정보를 모으는 거야!"

"하나의 노트에 모든 정보를 모은다고?"

"응, 노트 정리의 기본은 교과서와 수업이야. 그리고 유인물, 참고서야!"

"교과서, 수업, 유인물, 참고서의 내용을 다 어떻게 정리하냐?"

"엄청 많지? 많다고 느낄 거야."

"너는 머리가 좋으니까 생각해봐. 같은 단원이라면 교과서, 수업, 유인물, 참고서의 내용이 거의 같지?"

"같은 단원이라면 당연히 그렇겠지."

"그러면 교과서를 중심으로 두고, 교과서에는 없지만 수업 중에 선생님이 알려주신 부분을 추가하고, 교과서에는 없지만 유인물에 있는 내용을 또 추가하고……. 이렇게 교과서에 없는 내용만을 추가하면 되잖아."

"아하! 전체 내용을 다 정리하는 것이 아니라, 중복된 내용은 빼고, 빠져 있거나 추가해야 하는 내용만 정리하면 된다는 거네."

"그렇지! 그게 바로 내 노트 정리의 핵심이야. 그리고 그 노트를 매일 소설책 읽듯이 반복해서 읽으면, 기억한 것도 사라지지 않고, 또 반복해서 읽으니까 어려운 내용도 자연히 기억하게 되더라고!"

"하긴, 그렇기도 하겠다. 그렇게 여러 책과 내용을 한곳에 모으고, 반복해서 읽으니 아무리 멍청이라도 당연히 기억이 되겠다."

"이제 너도 그렇게 해봐! 노트 정리가 꼭 너의 공부법에 맞을지는 모르지만, 내 생각에는 현재의 점수보다는 좋지 않을까?"

"그렇지. 그렇겠지! 그런데 영혜야, 나는 내 스스로 노트 정리를 한 번도 해본 적이 없는데 어떻게 해야 하냐? 너처럼 초등학교 때부터 계속 정리를 했던 것도 아닌데."

"히히! 네가 그런 말 할 줄 알았다. 아무 걱정하지 마. 초등학교 때의 정리 경험도 물론 중요하지만, 지금 시작해도 충분히 할 수 있어! 물론 약간의 방법을 알고 하면 더 좋겠지만."

"약간의 방법? 그게 뭔데?"

"그건, 네가 알아서 해야지, 그것까지 내가 알려줘야 하냐? 나도 이 책저 책 찾아보면서 정리하는 법을 배웠어."

"야! 초등학교 동창끼리 그러기냐! 지금 나는 답답해서 너에게 물어보는 건데 지금 와서 나보고 알아서 하라니, 너무 한다."

"너무한다고? 초등학교 때 너희들이 노트 정리는 잘하면서 맨날 시험 성적은 너희들보다 좋지 않다고 놀렸다면서?"

"얘도 뒤끝 있네. 그래 미안하다, 미안해."

"몰라. 네가 알아서 해!"

"그러지 말고 네가 알고 있는 것 조금만 알려주라. 응?"

"그럼, 뭐 해줄 건데?"

"뭐를 해달라고?"

"응!"

"차를 사줄까? 집을 사줄까?"

"얘는 참, 농담이고……. 내일 여기서 다시 만나자! 그리고 올 때는 스프링 노트와 필통을 함께 들고 오도록 해. 알았지?"

"예스!"

"좋냐?"

"좋지, 나도 이제 초등학교 때의 권력을 되찾을 희망을 찾았으니까."

"권력? 성적이 권력이냐?"

"말도 마라. 너처럼 성적이 올라간 애들은 내 마음 모른다. 나는 최고였다가 성적이 떨어지니 다른 애들을 대할 때 힘이 없고, 집에서 할 말도 제대로 못하고 산다. 완전히 권력 상실이야."

"너에게는 성적이 권력인 모양이로구나."

"성적을 많이 올려서 이 시대를 이끌 참된 권력자가 돼라!"

“얘는 참! 애늙은이처럼 말하네!”

“알았어! 일단 알았고, 나도 나머지 공부할 것이 있으니, 우리 내일 다시 만나서 얘기하자!”

“오케이.”

제2장

필기 준비와 교과서 읽기

영혜는 아침부터 시립 도서관에 갈 준비를 하느라 바쁘다. 엄마가 평소와는 달리 큰 가방에 무엇인가를 잔뜩 넣고 있는 모습을 바라보고 있다.

"영혜야! 오늘, 어디 가니?"

"도서관이요."

"도서관에 가는데 가방에 그리 많은 것을 챙기니?"

"아! 이거요. 누가 뭐 좀 알려달라고 해서 자료 좀 챙겨 가는 거예요."

"누가? 뭐를?"

"초등학교 때 민주라는 애, 기억하세요?"

"응! 기억하지, 당연히 기억하고 말고. 네가 그 애 때문에 많이 힘들어 했잖니!"

"뭐가 힘들어 해요. 조금 속상해 했지."

"네가 엄마한테 그랬잖아! 민주는 친구들과 맨날 노는 것 같은데 항상 1 등이라고!"

"그랬어요? 티가 났어요?"

"티가 났느냐고? 티가 난 것뿐만 아니라 네가 울면서 얘기했거든."

"별 걸 다 기억하고 그래요."

"그런데, 민주가 왜?"

"어제 도서관에서 만났는데 민주의 중학교 성적이 안 좋은가봐요! 반에 서 6등인데 그것도 조금 오른 성적이래요."

"그래? 잘할 줄 알았던 애인데. 엄마도 민주랑 네가 같은 학교에 가지 않아서 다행이라고 생각할 정도였는데."

"뭐라고요?"

"아니, 또 중학교에 가서도 민주에게 성적이……."

"됐어요. 됐거든요."

"아니, 그런데 무엇을 알려주려고?"

"민주가 초등 때부터 머리가 좀 좋았잖아요. 그런데 그것만 믿고, 중학 교에서도 한꺼번에 공부를 하거나 과목에 따라서는 반짝 공부를 하는가봐 요."

"그러면 안 되는데."

"네. 그래서 노트 필기 얘기를 했는데, 민주는 노트 필기를 할 줄 모른다고 해서 노트 필기를 하는 방법을 알려주려고요."

"그렇구나! 그래서 이것저것 많이 챙겼던 거구나! 그래, 좋은 일 한다고 생각하고 잘 알려줘라. 민주가 힘들겠다. 공부를 잘하다 못하면 그것만큼 힘든 것도 없지. 너도 잘해!"

"엄마는 왜 마지막에 저를 걸고 넘어져요."

"히히, 미안. 잘 알려주고 와."

"네."

영혜는 엄마의 당부와 함께 집을 나선다. 도서관은 가까운 거리에 있기 때문에 힘들지 않게 걸어갈 수 있다. 사실 이 정도의 가방 무게는 영혜에게는 큰 부담이 되지 않는다. 다른 아이들은 연습장과 간단한 필기도구만을 가방에 넣어 가지고 다니지만, 영혜는 항상 시간표대로 모든 교과서와 유인물 그리고 몇 가지 자습서까지 매일 학교에 들고 다녔기 때문이다.

도서관 입구에 들어섰을 때 영혜를 반갑게 부르는 소리가 들렸다.

"영혜야!"

"엥! 민주 너, 왜 여기 있는 거야?"

"너를 기다렸지!"

"나를? 언제부터?"

"한 20분 됐어! 아무래도 배울 사람이 먼저 와서 기다려야 할 것 같아서."

"그래도 들어가서 기다리지."

"아니야, 내가 좋아서 그런 거야! 자!"

"뭐냐?"

"뭐긴 뭐야, 음료수지! 뇌물이야. 그리고 우리 엄마가 너랑 맛있는 음식 먹고 오라고 약간의 용돈도 주셨어."

"어머님, 잘 지내시지? 너희 엄마는 예쁘시고 참 좋은 분이신 것 같아."

"아니야, 적어도 지금은 아니야. 완전히 심술, 잔소리 대마왕이야."

"에이, 엄마가 그러시려고, 너에게 문제가 있었겠지."

"맞다. 나에게 문제가 있지. 초등학교 때까지는 참 좋은 엄마였는데 ……."

"지금도 좋은 엄마야. 너를 걱정해서 그런 거지. 지금은 엄마가 잔소리 대마왕이고, 초등학교 때는 좋은 엄마였다면 네가 초등학교 시절의 성적만큼 만들면 되겠네."

"너도 성적 얘기냐!"

"미안. 이제 그만 가자. 얼른 해야지!"

"고고씽!"

두 사람은 신나게 계단을 올라 다른 사람들의 공부에 방해가 되지 않을 조용한 곳에 자리를 잡았다.

"어제 말한 준비물 다 가지고 왔지?"

"응!"

"꺼내봐!"

민주는 책가방을 열고 가방 속에서 스프링 노트와 필통을 책상 위에 올려놓는다.

"잠깐! 민주야, 가방 좀 줘봐!"

"왜?"

"그냥 줘봐! 볼 것이 있어서 그래."

"이젠 가방 검사도 하냐?"

민주가 뭐라고 얘기하든 영혜는 가방을 이리저리 뒤져본다. 조그마한 파우치도 열어보고, 다른 지퍼도 열어보고 나서 민주를 빤히 쳐다본다.

"민주야, 너 학교에 다닐 때도 가방이 이래?"

"뭐! 차이는 조금 있을 수 있지만 대부분 이 정도일 걸."

"그래. 영락 없이 공부 못하는 학생 가방이다."

"뭐야? 내 가방만 그러냐! 다른 애들도 다 그 정도지!"

"아니야! 잘 들어. 학교에 다닐 때는 항상 교과서와 노트, 유인물 정도는 가방에 있어야 해!"

"그 많은 것을?"

"많다고? 누가 전부 들고 다니라고 했냐? 오늘 시간표대로 들고 다니면 되지!"

"그런데 왜 들고 다녀야 하는데?"

"앞으로 집에서도 공부하고, 노트 정리도 열심히 하려고 한다면서? 그런데 교과서와 노트, 유인물이 없으면 무엇으로 공부하려고 그러냐?"

"참고서와 문제집을 보면 되지!"

"아직도 정신 못 차리고 있네! 시험 문제는 학교 선생님이 내잖아. 그리고 수업을 잘 듣고, 열심히 메모하고 필기하고, 선생님에게 유인물까지 받았는데 사물함에 그냥 놓아두고, 집에서는 참고서로 공부한다고? 말이 되냐?"

"…….."

"그래서 아무리 열심히 노력해도 성적이 계속 떨어지는 거야."

"초등학교 때는 그렇게 해도 공부를 잘했는데…….."

"또 초등학교 때 얘기한다. 제발 초등학교 때는 잊어라. 초등학교 때의 습관을 버리지 못하면 앞으로의 성적은 안 봐도 뻔할 거야."

"알았어, 알았다고!"

"앞으로 무조건 교과서와 수업 노트, 유인물 잘 챙겨서 다녀야 해. 그리고 그것을 가지고 집에서 공부를 하거나, 노트 정리를 하는 거야. 알았지?"

"알았다고, 알았다니까! 계집애 깐깐하기는!"

"필통은?"

"자, 여기."

영혜는 민주가 건네준 필통을 책상 바닥에 쏟아 놓고 양쪽으로 분류하면서 고개를 갸우뚱거린다.

"민주야, 여학생 필통이 이게 뭐냐?"

"필기구가 반드시 좋아야 하는 것은 아니잖아!"

"그래 맞아! 하지만 정리 좀 해라. 가방도 엉망, 필통도 엉망, 뭐를 하나 찾으려면 한참 걸리겠다."

"너, 왜 그러냐? 누가 노트 필기하는 것을 알려달라고 했지, 가방하고 필통 검사를 해달라고 했냐? 자존심 상하게."

"자존심 상해? 이 정도 가지고 자존심이 상해? 너 초등학교 때 성적 생각하고, 중학교 성적 생각하면 자존심이 더 상할 것 같은데?"

"야, 몰라!"

"필통도 마찬가지야. 필요 없는 것은 버리지, 왜 필통에 잔뜩 넣어 가지고 다녀! 내가 봤을 때는 한 달에 한 번도 쓰지 않고 필통에서 자리만 차지하는 펜도 있을 것 같은데."

"……."

"노트 필기를 잘하기 위해서는 우선 준비를 잘해야 하는 거야! 노트 필기뿐만 아니라 모든 일들이 마찬가지야. 준비가 부족하면 결과가 좋지 않은 경우가 많아."

"그래서 내가 준비가 부족하다는 거냐?"

"넌, 준비가 부족해. 자존심 상하지 말고 내 말을 들어봐. 넌 집에서 공부하기 위한 준비도 안 했지?"

"뭐를?"

"아까 말했잖아! 학교 사물함에 다 놓아두고 왔다면서."

"아하, 알겠어!"

"필기나 공부를 하려면 적당히 필요한 펜과 준비물이 있어야 하는데, 네 필통에는 그 준비가 되어 있지 않아."

"그런가?"

"자! 이건 내 필통이야! 뭐가 다르지?"

"⋯⋯."

"일단 나는 쇠로 만들어진 필통과 종이로 만들어진 필통은 사용하지 않아. 쇠는 각종 펜들을 쉽게 망가뜨리기도 하지만, 소리가 시끄러워서 싫고, 종이로 만들어진 필통은 부피를 너무 많이 차지해서 싫어. 내가 가지고 다니는 봉제 필통은 간단하면서 부피도 차지하지 않아서 너무 좋아!"

민주는 쇠로 만들어진 자신의 필통을 흔들어본다. 시끄러운 소리가 도서관에 울려 퍼지자 영혜가 급하게 팔을 붙잡는다.

"평소에는 몰랐는데, 엄청 시끄럽다."

"그 다음에는 검은색과 파란색 그리고 빨간색 펜 정도는 꼭 있어야 해! 공부를 하는 도중에 중요도에 따라 표시하거나, 선생님의 말씀을 추가로 메모할 때도 적절하게 구분하는 것이 좋아."

"그래, 나도 약간은 그렇게 하긴 해."

"한다고? 빨간색 펜도 없으면서?"

"어! 있다. 여기 사인펜!"

"야! 사인펜으로 메모하고 필기할 수 있어? 글씨가 똑바로 써지기는 해? 펜 끝이 다 뭉개져 있는데?"

"히히!"

"다음은 형광펜도 하나, 그리고 지우개와 화이트도 하나. 참! 화이트는 테이프로 된 것이 좋아, 액체로 된 것은 마르기를 기다려야 하니까."

"그리고, 또?"

"음! 자도 하나 있어야 할 거야! 30cm 자는 가지고 다닐 수 없으니까 15cm 정도면 필통에 쏙 들어가서 가지고 다니기 괜찮을 거야."

"또 있냐?"

"있지! 메모를 할 수 있는 포스트잇도 필요하고, 몇 가지 색의 사인펜도 필요해. 참! 사인펜은 앞뒤 뚜껑이 열리고 펜의 굵기가 다른 것이 좋아! 그리고 풀은 꼭 있어야 해!"

"풀까지?"

"응, 보충할 자료의 내용이 지도나 도표라면 그리기가 너무 힘들잖아. 솔직히 시간도 많이 필요하고, 이 경우에는 오려서 붙이면 좋고, 문제를 풀고 난 후 오답 문제를 오려서 붙여 놓으면 자주 볼 수 있어서 좋아."

"준비할 것이 너무 많구나."

"준비할 것이 많은 것이 아니라, 네가 그동안 대충대충 학교를 다녀서 많이 부족한 것뿐이야."

"부족하다고? 내 머리가?"

"아니, 공부할 준비물들이."

"네 말을 들어 보니 그동안 너무 안일한 생각을 가지고 공부했던 것 같아, 그냥 닥치는 대로 대충대충 공부하고, 준비도 없이 공부하다가 없으면 찾으러 다니고 그랬던 것 같아."

"이제야 뭘 좀 아는구나. 그래 맞아! 네가 한창 집중해서 공부하고 있는데 갑자기 풀이 필요해. 그런데 풀이 없는 거야. 그래서 풀을 찾아서 이 방 저 방 뒤지고 다니다 보면, 집중은 온데간데없이 사라지고 마는 거지."

"그래, 맞아! 네 말을 들어보니 그런 것 같아! 금방까지는 집중이 잘되다가도, 뭐 하나 없어서 찾다 보면 금세 공부 생각은 없어지고 다른 짓을 하더라."

"그것 봐! 준비만 잘되어 있다면 금방 필요한 물건을 찾아서 계속 집중해서 공부했을 거야."

"그래, 좋아! 다 고칠게. 이제 정리하는 방법을 알려주라."

"네가 준비를 안 했을 것 같아서, 내 교과서를 가져왔어. 오늘은 내 교과서로 하고, 다음부터는 네 교과서로 해라. 알았지?"

"오케이."

"어제 가져오라고 했던 스프링 노트 줘봐."

"스프링 노트? 그게…….

"준비 안 했지?"

"응, 깜빡했다. 미안해."

"준비부터 문제가 생기면 결과는 불을 보듯 뻔해. 으이그."

"미리 생각하고 준비하는 습관은 꼭 들여야겠다."

"제발 좀 그래라. 그럼 오늘은 노트가 없으니 내 것에다가 연습으로 작성해봐. 알았지?"

"좋아."

"필기구도 없으니 내 것을 사용하고."

"그만 구박해라. 진짜 너무하네."

"너무 하면 잘 준비해오지, 누가 대충 준비해 오라고 했어? 그리고 지금 나를 위한 시간이냐, 너를 위한 시간이냐?"

"알았어. 미안하다, 미안해."

"자, 시작할 테니 잘 들어. 먼저 손으로 짚어 가면서 교과서를 한번 읽어봐!"

"왜?"

"그만 물어보고, 읽어보라고."

"알았어, 알았다고! 계집애 성질하고는."

그러면서 민주는 펜으로 짚어 가면서 교과서를 한 줄 한 줄 읽기 시작한다. 영혜는 민주에게서 눈을 떼지 않고 계속 바라본다.

"다 읽었다."

"좋냐? 좋으냐고."

"교과서 읽으라고 해 놓고 웬 뚱딴지같은 소리야?"

"너, 심각하구나! 교과서도 읽을 줄 모르다니. 진짜 심각하다. 내 생각에는 네가 머리가 좋아서 6등이지, 머리까지 나빴으면 진짜 암담하다."

"야! 너 막말할래? 뭐가 문젠데? 교과서 읽어보라고 해서 읽었더니 이게 완전히 자기 마음대로네."

"넌, 우선 교과서도 읽을 줄 몰라. 그러니 교과서의 중요 내용을 파악할 수 있겠어?"

"뭐? 교과서를 못 읽는다고? 방금 읽었잖아."

"한글을 읽은 것이지, 내용을 읽은 것이 아닌 것 같아서 그래. 교과서도 읽는 방법이 있어."

"뭐, 그냥 읽으면 되지, 읽는 방법이 있다고?"

"눈 감아봐."

"왜?"

"감으라면 감아봐!"

"알았어, 나쁜 계집애."

"네가 방금 읽은 내용의 제목이 뭐냐?"

"제목?"

"무엇에 대한 내용이었냐고."

"음, 원료가 들어오기 싶고, 가공해서 수출하기 편한 곳에 대한 내용인 것 같은데……."

"그래, 그럼 거기가 어딘데?"

"……."

"그것 봐. 내용은 알지만 제목을 모르니까 정확하게 기억할 수 없지."

"그런가?"

"제목은 남동 임해 공업 지역이다."

"제목과 내용을 연결해서 생각해봐!"

"……."

"그것 봐! 교과서를 읽을 때는 항상 제목부터 읽고, 읽을 내용이 무엇인지를 먼저 알고 읽으면 훨씬 쉽고 빠르게 내용을 이해할 수 있게 되는 거야."

"아하, 그렇구나!"

"다음은 학습 목표를 꼭 읽어야 해. 너 아까 보니까 제목과 학습 목표는 건너뛰고 본문부터 읽기 시작하던데, 그러면 단원의 내용이 구분되지 않아서 자꾸 섞이거나 헷갈리는 거야."

"아! 그렇구나. 어쩐지 문제를 풀다 보면 내용은 다 알 것 같은데, 이게 어디인지 모르는 게 있더라니까."

"학습 목표는 그 단원에서 네가 반드시 알고 넘어가야 하는 것을 미리 알려주는 거야."

"이곳을 보면 '남동 임해 공업 지역의 산업은 무엇인지 알아보자'라고 되어 있잖아. 이 말은 이 지역의 산업을 반드시 알고 넘어가야 한다는 것을 의미해. 그런데 이 학습 목표를 읽지 않으면, 산업이 중요한지, 역사가 중요한지, 문화가 중요한지를 알지 못하잖아."

"그런가?"

"물론 모든 내용이 다 중요하겠지만 너는 역사에만 관심을 두고 집중적으로 공부했는데 산업에 대한 문제가 나오면 어떻게 할래?"

"하긴, 그렇기도 하겠다."

"그렇기도 하다고? 그냥 그렇다고 해. 학습 목표는 이 단원에서 반드시 알아야 하는 목표를 미리 알려주는 것이기 때문에 반드시 읽어야 하고, 학습 목표를 바꿔서 선생님들이 문제를 출제하기도 하니까 꼭 읽어야 하는 거야."

"다음은 뭘 읽어야 해? 본문?"

"본문보다는 용어 풀이, 보충 설명된 내용, 지도, 사진, 그래프 등을 먼

저 보는 것이 좋아."

"아이, 복잡해! 그냥 읽으면 되는 것 아니야?"

"또 그런다. 대충대충 하지 말라고 했지? 어차피 할 공부인데 제대로 하는 것이 좋지 않아?"

"……."

"처음에만 복잡하지 습관이 되면 오히려 더 좋은 방법인데 왜 그렇게 복잡하다고만 하냐."

"알았어, 알았다고!"

"본문이 중요하기는 한데 우선 상황을 판단해야 해. 본문에 사하라 사막 서북부와 남부 유럽의 강수량이 줄었다는 내용이 나왔을 때 그냥 읽고 외우는 것보다는 미리 지도를 보고 위치를 파악한 후에 본문을 읽으면 더 생생하게 머릿속에 저장되는 거야. 알겠어?"

"응, 무슨 말인지 알 것 같아."

"알 것 같으면, 지도를 한번 살펴본 후에 본문을 읽어봐."

민주는 영혜의 말이 끝나자마자 교과서의 지도와 그래프를 유심히 살펴본 후 본문을 읽기 시작한다. 그런 다음 본문을 읽으면서 본문과 지도를 비교해보고, 다시 한 번 들여다본다.

"어떤 것 같아?"

"네 말이 맞는 것 같아, 훨씬 이해가 잘되고 기억하기 좋은 것 같아."

"그렇지. 그런데 너는 문단을 나눌 줄 알아?"

"문단?"

"응!"

"알지!"

"문단이 뭔데?"

"음……. 들여쓰기가 된 부분 아냐?"

"알기는 아는데, 꼭 들여쓰기가 된 부분이 아닌 경우도 많아."

"그럼 어떤 기준으로 문단을 나누는데?"

"음……. 문단은 내용을 중심으로 나누는 것이 더 좋은 것 같아. 들여쓰기가 되어 있더라도 위와 아래의 중심 내용이 같으면 굳이 문단이라고 생각하지 말고 하나의 문단이라고 생각하는 것이 더 좋을 거야."

"응, 그렇군!"

"자, 그러면 이 문단에서 중심 단어와 핵심 단어를 한번 찾아볼래?"

"나는 한 번도 해본 적이 없는데?"

"아니야, 그리 어렵지 않아! 너 정도면, 아니 공부하는 학생이라면 문단에서 중심 단어를 찾을 수 있어. 한번 해봐."

"어떻게 하라는 건지 도무지 모르겠다!"

"공부할 때 밑줄을 긋거나 동그라미를 치면서 하지?"

"응."

"그러면 네가 생각할 때 핵심 단어라고 생각하면 밑줄을 긋고, 중심 단어라고 생각하면 동그라미를 그리는 거야! 알았지?"

"그래, 한번 해볼게."

영혜의 말을 듣고 민주는 펜을 들어 밑줄을 그으면서 한 단어씩 읽어 나간다. 민주는 밑줄을 그어야 하는지, 말아야 하는지 고민하면서 자주 머뭇거린다.

"다 했어!"

"어디 보자, 민주야! 너 정말 초등학교 때 그대로니, 아니면 정말 교과서는 내팽개치고 참고서로만 공부한 거니?"

"아마, 둘 다일 거야. 심각하니?"

"응, 좀 심각해. 내 생각에 이 정도는 아닐 줄 알았는데, 좀 심한 것 같아."

"너의 가장 큰 잘못은 읽어 나가면서 밑줄을 긋는다는 거야. 한 문단이 어떠한 내용인지도 모르는 상태에서 생소하다고 해서, 중요할 것 같다고 해서 밑줄을 그으면 안 되는 거야."

"그래?"

"응, 일단 한 문단에 어떠한 내용이 담겨 있는지 먼저 읽어보아야 해. 그런 다음 중심 단어를 먼저 찾고, 그 다음에 중심 단어를 보충 설명하거나 내용적으로 도와주는 단어를 핵심 단어라고 생각하고 밑줄을 긋는 거야."

"아하! 먼저 한 문단을 읽고 나서 이해한 후에 중심 단어를 찾고, 그 다음에 핵심 단어를 찾으라는 말이구나."

"그렇지."

"그럼 내가 반대로 한 거네?"

"그렇지, 그러니까 뭐가 뭔지 잘 몰라서 선뜻 밑줄을 긋거나 동그라미를 그리지 못한 것이지."

"알았어. 그럼 아래 문단을 읽고 다시 한번 해볼게."

"좋아."

다시 민주는 교과서의 한 문단을 읽고 있다. 한 문단을 다 읽고 나서 하나의 단어에 동그라미를 그린 후 천천히 밑줄을 긋고 있다. 조금 전에는 머뭇거렸는데, 이번에는 자신 있게 밑줄을 긋거나 동그라미를 그리고 있다.

"잘되는데?"

"어떤 것 같아?"

"응, 네 말이 맞는 것 같아. 먼저 한 문단을 읽고, 천천히 중심 단어와 핵심 단어를 찾아보니 훨씬 잘 이해가 되어서 좋은 것 같아!"

"그렇지! 그것이 바로 노트 정리의 기본이야."

"노트 정리의 기본?"

"응."

"그럼, 여태껏 기본을 한 거야?"

"그래, 그렇다니까!"

"헐~"

"뭐가 헐이야."

"나는 벌써 힘이 드는데 이제 기본이라니!"

"그래도 너는 나은 편이야, 나는 이 모든 것을 혼자 노력해서 알았어. 그런데 너는 그러한 수고를 덜하고, 쉽게 배우고 있잖아."

"하긴 그렇다. 히히."

"계집애도 참!"

"우리 조금만 쉬었다 하자. 난 도서관에서 이렇게 오랫동안 의자에 앉아 있어 본 적이 없어서 그런지 엉덩이가 쑤시기도 하고, 몸이 근질근질해서 미칠 지경이다. 내가 음료수 하나 살게. 잠깐 쉬자. 응?"

"그래, 좀 쉬자. 평소에는 말을 안 하고 공부만 했는데, 오늘은 너 때문에 말을 너무 많이 해서 그런지 목이 마르다."

영혜도 지치고, 민주도 지쳤는지 휴게실에서는 음료수만을 마시면서 조용히 창가를 내다보고 있다. 민주는 '지금까지 너무 편하게, 아니 해도 해도 성적에 변화가 없는 아무 의미 없는 공부를 하고 있었구나!' 하는 후회가 밀려오기 시작했다. 두 사람은 다시 제자리로 돌아와 교과서를 펴고 같은 부분을 쳐다보기 시작한다.

"민주야."

"응?"

"노트를 정리하는 방법이 몇 가지나 있는 줄 아니?"

"노트를 정리하는 방법?"

"응."

"정리하는 방법이 몇 가지나 돼? 그냥 정리하면 되는 것 아니야?"

"또 그런다. 항상 너는 뭐든지 대충하면 된다는 생각이 가득한 것 같아. 기본을 알아야 응용할 수 있는 거야."

"노트 정리가 무슨 기술도 아니고, 그냥 정리하면 되는 것 아냐?"

"기술? 너 말 잘했다. 노트 정리도 일종의 '공부 기술'이라는 것을 모르는구나."

"공부 기술?"

"응."

"뭐, 그렇다면 그런 거지."

"예를 들어보자. 너, 볼링 쳐봤지?"

"응!"

"그래, 볼링공을 던질 때 모두 같은 방법으로 던지니, 아니면 상황에 따라 다르게 던지니?"

"상황에 따라 다르게 던지지."

"노트 정리도 마찬가지야. 그냥 정리하는 것이 아니라 상황에 따라 정리하는 방법이 달라."

"음, 그럴 수도 있겠네."

"그렇기 때문에 기본적인 노트 정리 방법을 먼저 알아야 하는 거야."

"아하, 그렇구나!"

"그럼 다시 물어볼게. 노트 정리 방법이 몇 개나 될 것 같니?"

"……."

"왜 대답을 못해?"

"야! 너 같으면 대답을 할 수 있냐? 노트 정리도 못하는 나에게 정리 방법이 몇 개 정도냐고 물으면, 내가 어떻게 대답하냐! 아무것도 모르는 나에게 이러한 질문을 한 것은, 스케이트를 타본 적이 없는 나에게 스케이팅 기술이 몇 개냐고 묻는 것과 같아."

"하하, 그런가? 미안하다."

"그렇지, 미안하게 생각해야 돼. 자, 그럼 몇 개나 되는지 말해봐!"

"그런데 이 찜찜한 기분은 뭐지?"

"빨리 말해봐."

"가장 기본은 네가 알고 있는 정리 방법이야. 보통 선생님들이 칠판에 판서할 때 사용하는 방법이지."

"다음은?"

"다음은 우뇌와 좌뇌를 효과적으로 사용하여 분석을 강화시켜주고 분류를 잘되게 하는 마인드맵이 있어!"

"마인드맵?"

"응."

"너, 그 마인드맵으로도 노트 정리를 하니?"

"응, 그런데, 왜?"

"아니, 나도 마인드맵을 배운 적이 있어서……."

"그래? 언제?"

"초등학교 방과 후 수업에서 마인드맵을 들은 적이 있거든."

"그러면 금방 배울 수 있겠다. 기본을 어느 정도 알고 있으면 아주 쉽거든."

"너 분명히 쉽다고 했다. 해봐서 어려우면 나한테 혼난다."

"야! 오늘 너 때문에 내가 지금 이러고 있거든. 어디서 올라타려고 해! 선생님한테."

"어라? 선생님?"

"잔말 말고, 다음은 학습 내용을 도식화해서 정리하는 방법이 있어."

"도식화? 도식화가 뭔데?"

"뭐, 그런 것 있잖아. 프로그램 등을 만들 때 순서도처럼 정리되어 있는 것 말이야. 전에 본 적 있지?"

"너는 아는 것도 많다. 프로그램 순서도? 내 공부도 못하고 있는데 프로그램은 무슨 얼어죽을 프로그램이야."

"얘기의 흐름을 줄이나 화살표 등을 활용하여 도식적으로 표현해 놓은 것을 본 적 없어?"

"아! 가끔 선생님이 한 단어를 쓰고 줄로 연결해서 하나하나 내용을 써 놓은 거?"

"응, 그래. 바로 그거야!"

"진작 그거라고 하지, 똑똑한 티를 내려고."

"또 그런다. 그놈의 비아냥거림을 그냥."

"미안. 난 지금 노트 정리 기술에 대해 하나하나 알아가고 있는 거야. 정말 진심으로 고맙게 생각하고 있어."

"으이그, 고마워하지는 말고 제대로 듣기나 하세요."

"그리고 또 뭐가 있는데?"

"분위기도 금방 바뀌네. 금방까지는 비아냥거리다가 네가 필요한 것 있으면 금방 좋아지니?"

"그래도 귀엽잖아."

"귀엽기는 뭐가 귀엽냐! 구엽지!"

"장난 그만하고, 다음은 뭐가 있냐고?"

"음, 다음은 학습 내용을 하나의 장면으로 떠올려서 그림으로 표현하는 영상화 방법이 있어!"

"영상화? 그게 뭔데?"

"잘 들어봐. 같은 내용을 얘기할 때 만화가 좋니? 아니면 글로만 전달하는 것이 좋니?"

"야! 당연히 만화가 좋지. 나는 다른 책은 잘 안 읽어도 학습 만화는 자주 보거든."

"그렇지. 그럼 글로만 된 내용이 더 잘 기억되니, 아니면 만화가 더 잘 기억되니?"

"만화가 훨씬 쉽게 이해되고, 기억도 잘되지."

"맞아. 우리는 글보다는 장면을 더 잘 기억해, 그렇기 때문에 장면이 떠올려지는 내용인 경우, 장면을 그려보면 훨씬 쉽게 이해되고 기억도 잘되는 거야!"

"그렇기도 하겠다. 그런데 모든 학습물을 다 만화처럼 그리면서 공부할 수는 없는 거 아냐?"

"당연하지. 모든 내용을 만화로 그리다가는 너무 많은 시간이 걸리지, 그렇기 때문에 특정 내용만을 영상을 떠올려 그리는 것이 좋아!"

"이해가 안 되는데, 예를 들어서 설명해봐."

"음, 예를 들어 과학의 실험 과정이 있잖아."

"응!"

"그 실험 과정을 막연히 외우지 말고, 네가 그 과정을 만화처럼 그렸다면 어떨 것 같아?"

"와! 정말 쉽게 기억될 것 같은데? 예전에 공부할 때는 실험 과정을 하나하나 외웠는데, 전체 과정을 머릿속에 떠올리니까 쉽게 기억될 것 같은 느낌이 드는데?"

"쉽게 기억될 것 같은 느낌이 아니라 정말 기억이 잘되거든."

"음, 좋아."

"그리고 이것은 응용인데."

"응, 또 뭐야? 다 말해. 내가 너의 노트 정리 기술이든, 노트 정리 방법이든 다 배워 갈 거야! 어서 말해봐!"

"얘는 또 왜 이래!"

"장난하지 말고, 어서 말을 해!"

"없어, 끝이야!"

"끝이라고? 아니잖아, 또 있잖아!"

"없다니까! 정말 없어!"

"비겁하기는……. 네가 너무 많은 것을 알아버리니까 두려운 거지?"

"두렵다고?"

"그래, 내가 노트 정리를 잘해서 예전의 초등학교 때처럼 너를 또다시 이길까봐 두려운 거지. 그렇지?"

"내 참, 어이가 없어서!"

"그러니까, 알려주라!"

"이제는 귀요미냐?"

"야, 이 정도로 애타게 졸라댔으니까 말 좀 해주라!"

"오케이, 그럼 잘 들어야 해. 그리고, 너만 알고 있어야 해."

"알았어."

"다음은 응용인데, 마인드맵의 기본 원리와 도식적인 정리 방법을 합친 거야. 나는 이 방법을 많이 사용해."

"마인드맵의 기본 원리와 도식적인 정리 방법을 합친 것?"

"응, 이 방법을 스터디맵이라고 하는데, 공부를 할 때는 마인드맵보다는 스터디맵이 더 좋은 것 같아."

"아하, 스터디맵!"

"사실 노트 정리의 정석은 없어. 기본적인 방법을 잘 활용하여 정리하고, 정리된 내용을 얼마나 반복해서 보는지가 더 중요해."

"그래도 눈으로만 공부하고 마는 것보다는 이처럼 교과서를 분석하고 교과서와 수업 내용을 체계적으로 정리하면서 공부를 하면 오히려 기억이 더 잘될 것 같다는 생각이 들어.”

“당연하지. 오감의 자극 중 눈으로는 한 번의 자극이 가지만, 눈으로 보고, 손으로 쓰면서 공부하면 훨씬 더 많은 자극이 뇌에 전달되어 기억이 더 깊고 오래 가지.”

“너는 참 힘들겠다. 아는 것이 많아서.”

“몰라서 힘든 것보다는 아는 것이 많아서 힘든 것이 더 좋다는 것 몰라? 넌 몰라서 시험에 망했고, 그래서 지금 힘든 거잖아!”

“네 약점을 건드리다니.”

“너, 성질 내면 여기서 수업 끝낸다!”

“남의 약점을 가지고 이용하다니, 절대로 용서하지 않을 거야!”

“용서를 하든, 고마워하든 너의 마음이니까 네가 알아서 하고……. 이거 한번 봐!”

그러면서 영혜는 책상 위에 지금까지 공부하면서 정리한 노트와 교과서를 올려놓았다. 그 교과서와 노트를 펼쳐 보이면서 민주에게 정리하는 방법, 공부를 반복하면서 추가하는 방법, 오답의 해결 방법까지 자세히 설명해주고 있다.

“이제 느낌이 오지?”

“고맙다. 진짜 고맙다!”

"……."

"왜, 말을 못해. 감격했니?"

"아니, 지금까지 내가 한 공부가 한심하다는 생각이 든다. 사실 수업 잘 듣고, 수업들은 내용을 꾸준히 정리하면서 반복 학습만 하면 되는데, 그 간단한 것을 하지 못했다는 내 자신이 너무 한심하다는 생각이 든다."

"됐거든, 너 답지 않거든."

"이제 잘할 수 있을 것 같아."

"그래, 한번 해봐. 그리고 예전의 너의 모습으로 빨리 돌아와서 나와 경쟁해보자."

"야, 학교가 다른데 경쟁이 되냐?"

"지금은 학교가 다르지만, 고등학교 갈 때나 대학교 갈 때는 학교가 아니라 성적이니까 경쟁자가 될 거야. 그때는 전국의 같은 학년 학생들이 경쟁자잖아."

"그러네. 암튼 우리 열심히 해서 너와 나, 누구에게도 뒤떨어지지 않는 사람이 되자."

"오케이."

정리 능력과 학습 능력 그리고 성적

요즘 아이들의 공부하는 모습과 예전의 부모님들이 학교를 다닐 때 공부하는 모습의 가장 큰 차이점은 펜을 들고 무엇인가를 적으면서 공부를 한다는 것입니다. 예전의 부모님들은 신학기가 되면, 과목별로 노트를 구매해서 한 학기 정도면 그 노트를 거의 사용할 정도로 열심히 필기했지만, 요즘 학생들은 노트를 본래의 목적에 맞게 사용하기보다는 그냥 연습장과 메모장 정도로 사용하고 있는 것이 현실입니다.

그뿐만 아니라 평소에 쓰는 연습을 하지 않아서 글씨도 엉망입니다. 예전에는 글씨가 그 사람의 마음이라고 생각할 만큼 글씨를 잘 쓰려고 했고, 실제로도 잘 쓰는 사람이 많았는데, 요즘 학생들은 글씨 모양도 엉망이고, 자신이 쓰고도 무슨 글씨인지 알지 못하는 경우도 많습니다.

체격이 크고 팔 주변의 근육이 많은 아이들도 A4 용지 한 장 분량의 글씨를 쓰라고 하면, 손이 아프다고 합니다. 그만큼 오늘날의 학생들에게는 글씨를 쓰면서 공부한다는 것이 익숙하지 않습니다.

부모님들이 학교에 다닐 때는 학교 선생님이 같은 부분을 적게는 5번, 많게는 10번까지도 써오라는 숙제를 많이 내주곤 했습니다. 그 많은 숙제를 하기 싫어서 편법으로 먹지를 대고 쓴 기억도 있지만, 그렇게 숙제를 하고 나면, 그 내용들이 머릿속에 차곡차곡 쌓인다는 것을 느낄 수 있었습니다. 반복해서 쓰다 보면 기억이 잘 된다는 사실을 선생님들은 알고 있었다는 것이지요.

하지만 오늘날 학생들의 필기 능력은 매우 좋지 않습니다. 대부분의 학생들이 공부를 눈으로만 하고, 수업을 할 때도 필기를 하는 것이 아니라 고개만 끄덕이면서 이해만 하고 만다는 것입니다. 하지만 이렇게 공부하면 단기 기억에 머물 수밖에 없습니다. 필기를 하면서 공부를 하면 다음과 같은 효과가 있습니다.

첫째, 대뇌의 쇠퇴와 노화를 조금은 막아줍니다. 그리고 눈과 손이 하나가 되어 움직이면서 공부를 하면, 쉽게 이해할 수 있고, 기억을 더 잘할 수 있습니다. 또한 노트 정리를 하면 흘려 읽었던 문장이나 중요 단어, 내용들을 쉽게 기억할 수 있습니다.

둘째, 언제든지 반복 학습을 할 수 있습니다. 노트 정리를 잘하는 학생들의 특징 가운데 하나는 단권화를 한다는 것입니다. 단권화란, 학교 수업 시 배운 내용과 교과서, 유인물, 자습서 등의 내용을 하나로 모아서 정리하는 것을 말합니다. '이 많은 것을 어떻게 다 정리해?'라고 생각할 수 있지만, 실제로는 정리해야 할 내용이 많지 않습니다. 같은 단원의 내용이라면 수업의 중심 내용, 교과서의 중심 내용, 유인물, 자습서의 중심 내용이 모두 같기 때문에 그 중심 내용만을 필기한 후, 교과서에는 없지만 선생님이 수업 중에 추가로 설명해준 내용만 기록하면 되고, 교과서에는 없지만 참고서에 있는 내용을 기록하면 되기 때문입니다.

이렇게 정리를 잘해 놓으면 반복 학습을 하기 쉽다는 장점이 있습니다. 같은 내용을 계속 반복해야만 우리의 뇌가 장기 기억을 하게 됩니다. 이때 노트 정리가 잘되어 있다면 노트를 한 번 읽기만 해도 쉽게 반복 학습을 할 수 있습니다.

하지만 노트 정리가 잘되어 있지 않다면 한 단원을 공부하기 위해서 교과서, 유인물, 자습서 등을 보아야 합니다. 결국 반복 학습을 포기하거나 하지 않게 되고, 애써 공부한 내용들을 쉽게 잊어버려 시험 때 다시 공부를 해야 합니다.

셋째, 필기를 잘하는 학생들은 수업을 들을 때나 책을 읽을 때 본능적으로 분류하면서 이해하거나 기억을 합니다. 필기를 잘하기 위해서는 중요한 내용과 이해한 내용을 분류해야 하기 때문입니다. 이러한 습관을 오랫동안 유지한 학생은 수업을 들으면서도 중요 내용을 쉽게 파악하고, 바로 메모나 필기를 할 수 있지만 필기 경험이 없거나 부족한 학생은 전부 중요한 것처럼 느끼고, 마치 전부 기억된 것처럼 그냥 넘어가 버린다는 것입니다. 따라서 노트 필기를 하면 자신에게 도움이 되는 내용들을 본능적으로 분류하여 기억하게 되므로 더 오랫동안 기억하게 됩니다.

이제부터 노트 필기를 하는 방법에 대해 하나씩 알아볼까요?

첫째, 여러분들이 가장 익숙하고 빨리 배울 수 있는 참고서형 필기법이 있습니다. 대부분 참고서들을 보게 되면 내용 앞에 번호가 쓰여 있을 것입니다. 이러한 형태의 필기는 노트 필기를 처음 접하는 학생들이 하는 것이며, 어느 정도 필기를 하기 시작하면 이를 기본으로 하여 좀 더 쉽고, 빠르고, 기억하기 좋은 형태의 필기법으로 바뀌기 시작합니다.

일단 필기 경험이 없는 학생이라면, 우선 참고서의 한 단원을 필사해보세요. 필사를 하면서 각 번호는 어떠한 위치에 놓이게 되고, 내용은 어떻게 정리되는지 살펴보세요. 필사를 한 후 교과서를 보면서 소단원의 내용을 한번 정리해보면, 생각보다 쉽게 정리할 수 있게 될 것입니다.

정리를 할 때 문장 전체를 정리하기보다는 함축적으로 정리하는 습관을 들이는 것이 좋습니다. 아무래도 필기는 노동이므로 글자를 많이 쓰는 것보다는 적게 쓰는 것이 더 좋으며, 함축적으로 정리하면 더 빨리 기억할 수 있습니다. 예를 들어보겠습니다.

- 영수가 축구를 합니다 → 영수 축구

- 우리나라가 승리했습니다 → 우리나라 승리

- 경제가 성장했습니다 → 경제 성장

- 성적이 올랐습니다 → 성적 향상

이렇게 함축적으로 정리하면, 필기하는 데도 시간이 오래 걸리지 않고, 기억하기도 쉬우며, 반복 학습도 쉽게 할 수 있습니다.

둘째, 도식화하여 필기하는 방법입니다. 도식화란, 공부할 내용을 글이나 그림을 활용하여 차트나 순서도처럼 필기하는 방법을 말합니다.

이러한 필기의 장점은 복잡해 보이는 학습 내용도 도식화를 해서 글이나 그림으로 표현하면 이해하기 쉽고, 이해가 쉬운 만큼 기억하기도 쉽다는 것입니다.

셋째, 마인드맵 정리 방법입니다. 이는 좌·우뇌를 골고루 사용하여 마음속에 지도를 그리듯이 이해하면서 정리하는 것을 말합니다. 마인드맵이라고 해서 너무 어렵게 생각하지 마세요. 아마 대부분 한 번쯤 학교에서 해본 적이 있을 것입니다.

마인드맵 정리 방법은 어렵고 복잡한 내용들의 전체적인 흐름을 잡아주기 때문에 이해하기가 쉽습니다. 그리고 중심 내용부터 세부 내용으로 분류하여 정리하기 때문에 복잡한 내용도 이해하기 쉬우며, 글로만 정리되는 것이 아니라 기호, 아이콘, 그림 등 다양한 우뇌의 기능을 활용하기 때문에 오랫동안 기억할 수 있다는 장점이 있습니다.

넷째, 스터디맵 필기 방법입니다. 스터디맵이라고 하니 조금은 생소하기도 하고, 어렵게 느껴지기도 할 것입니다. 하지만 절대로 어렵지 않습니다. 앞에서 설명했던 방법들의 장점들을 활용하여 정리하는 필기법이기 때문입니다. 일단 전체적인 구성은 마인드맵과 비슷합니다. 하지만 마인드맵은 중심 내용부터 세부적인 내용으로 가지를 그리면서 작성하는데, 이렇게 정리하다 보면 많은 가지가 그려지게 되어 오히려 복잡하게 느껴질 때도 있습니다.

그렇기 때문에 마인드맵의 구성은 그대로 유지하고, 참고서형 필기와 도식화 필기를 같이 사용합니다. 우선 노트 정리를 해야 하는 단원의 중단원이 4개라면 가운데 동그라미나 네모를 그린 후 그 가운데에 단원명을 적고, 단원명이 적힌 가운데를 기준으로 4개의 공간으로 나눕니다. 그리고 4개의 공간으로 나눈 상태에서 중단원의 내용을 각각의 공간에 참고서형 필기나 도식적인 필기를 하면서 한 공간씩 채워 나갑니다. 이러한 필기 방법은 한 단원을 전체적으로 볼 수 있기 때문에 기억과 반복 학습을 쉽게 할 수 있으며, 일정한 형식에 얽매이지 않고 자유롭게 표현할 수 있기 때문에 정리하기가 편리하다는 장점이 있습니다. 그리고 공간마다 약간의 아이콘, 장면의 상황 등을 이미지로 표현할 수 있기 때문에 이해와 장기 기억에 도움을 줍니다.

공부를 잘하는 학생들의 특징은 무엇인가를 정리하면서 공부하고, 그 정리된 내용을 꾸준히 반복적으로 확인하면서 공부한다는 것입니다. 눈으로만 하는 공부는 단순 암기입니다. 이러한 공부 습관과 방법으로는 학습 내용이 점차 많아지는 중학교와 고등학교 시절에 절대로 좋은 성적을 받기 어렵습니다.

지금부터라도 노트 필기의 중요성을 알고, 하루하루 자신이 공부한 내용을 정리하면서 공부하는 습관을 들이도록 하세요. 이러한 습관이 공부의 가장 기본이며, 앞으로 더욱 발전할 수 있는 토대를 만들어줍니다.

Theme

4

창우야 어디가?

제1장

"차 렷, 경례."

"감사합니다. 내일 뵙겠습니다."

학교에서 하루의 마감을 알리는 종례가 끝나자마자, 아이들은 삼삼오오 모여 앉아 하교 후 운동장에서 축구를 할 계획을 세우고 있다. 축구를 잘하는 친구와 같은 편이 되기 위해 서로 눈치 싸움이 치열하다.

"너는 축구를 잘하니까, 성일이랑 같은 편을 해라."

"왜? 나도 축구를 잘하는데, 너는 왜 맨날 나를 성일이 편으로 보내려고 하냐?"

"그래야 서로 어느 정도 레벨이 맞지!"

"네가 성일이 편으로 가라, 그것이 더 레벨이 맞다!"

"가라면 가지, 왜 그렇게 말이 많아."

"저번에는 네가 현수 편을 했으니까 이번에는 나도 한번 해보자. 안 그러냐, 현수야?"

"됐어. 그만하고 일단 운동장 등나무 밑에서 만나 다시 얘기해보자."

이렇게 같은 반 다른 친구들은 종례를 마친 후 축구 경기에 대해 옥신각신이지만, 창우는 친구들의 얘기에 끼어들지 못하고, 묵묵히 무거운 가방만을 들고 조용히 교실을 나선다.

1학기 때까지만 해도 창우도 축구를 했고, 축구 실력도 다른 아이들보다 제법 좋은 편이었지만, 2학기가 시작되면서 창우는 단 한 번도 친구들과 축구를 하지 못했다.

지난 여름 방학이 끝나고 무더위가 아직 기승을 부릴 무렵, 아이들은 여느 때와 같이 교실에 모여 앉아 축구 얘기를 하고 있었다. 1학기 때까지만 해도 이 친구들 간의 얘기 속에 창우의 목소리도 들렸지만, 창우는 이 자리에 가지 못하고 있다.

"창우야, 이리 와봐!"

"응?"

"방학 때 못했으니까 오랜만에 축구 한 게임 해야지."

"응."

"빨리 와, 너는 누구랑 같이 할래? 현수랑 할래? 상일이랑 할래?"

"나는 이제 안 해."

"왜 안 해? 어디 다쳤어?"

"아니."

"그럼 왜 그래?"

"엄마가 1학기 성적이 낮으니 과외를 받으라고 해서 집에 가봐야 해."

"과외? 네가? 하하하."

"응, 방학을 하자마자 시작했어!"

"그렇다면야 뭐⋯⋯."

"니들끼리 해. 앞으로는 못할 것 같아."

"그래. 어쩔 수 없지, 뭐."

"⋯⋯."

"야! 한 사람이 부족하니까 빨리 가서 윤기를 집에 못 가게 막아봐!"

"알았어, 가자!"

이러한 상황이 반복되면서 이제는 더 이상 축구에 관한 얘기에 끼어들지 못하고, 친구들도 창우가 이제는 자신들과 축구를 하지 못하게 되었다고 생각하고 창우에게 축구 얘기를 하지 않는다.

친구들이 우르르 교실 문을 빠져나가자 창우는 혼자만 축구를 하지 못한 다는 허탈감에 빠진다. 그 순간, 창우의 주머니 속에 있는 휴대폰이 울린다.

"여보세요."
"창우야! 너 어디니?"
"학교죠!"
"뭐해! 빨리 와서 수업 준비를 해야지!"
"네, 알았어요. 알았다니까요."
"얘가 왜 화를 내? 빨리 와!"

창우는 친구들과 축구를 하지 못해서 기분도 그다지 좋지 못한데, 빨리 와서 수업 준비를 하라는 엄마의 전화를 받고 더욱 기분이 나빠진 모양이다.

'그래, 가야지!'

친구들은 교복의 상의를 벗고 붉어진 얼굴에 땀이 범벅인 채 신나게 축 구를 하고 있지만, 자신은 과외를 받기 위해 집으로 향한다는 사실에 더욱 괴롭다.

집에 도착한 창우는 1시간 30분의 수학 과외를 마치고, 저녁식사를 하 기 위해 식탁에 앉았다. 학교에서 수업을 듣고, 집에 도착하자마자 과외를 받느라 힘들어 할 창우를 위해 식탁에는 창우가 좋아하는 맛있는 음식이 가득 차려져 있다.

　"창우야, 어서 먹자!"
　"네."
　"너, 왜 그리 힘이 없냐?"
　"아, 아니에요, 뭐 그냥!"
　"그래, 어서 먹어! 바로 학원에 가야지!"
　"네!"

　대답은 하고 있지만 창우의 가슴은 답답하기만 하다. 맛있는 음식이 즐비하지만 창우는 그 음식이 맛있다는 생각을 하지 못한다. 친구들과 어울리지 못해서 속도 상하지만, 더욱 한숨을 짓게 만드는 것은 바로 학원에 가야 한다는 것이다.

　"엄마, 갔다 올게요."
　"그래, 열심히 하고 와!"

　엄마에게 간단한 인사를 마치고 집을 나선다. 학원을 향해 약 10분 정도 걷고 있을 때, 누군가가 창우를 부르는 소리에 고개를 돌아보았다.

"창우야!"

"어, 현수구나."

"너, 어디 가니?"

"응, 학원."

"너, 학교 끝나자마자 과외를 받으러 가야 한다면서 축구도 안 하고 바로 집으로 갔잖아! 그런데 바로 또 학원?"

"응, 그렇지 뭐."

"야, 너 바쁘구나, 힘들어서 어떻게 사냐?"

"몰라, 나도 답답하다."

"그래, 암튼 잘해. 그나저나 네가 그렇게 열심히 하면, 이번에는 나보다 성적이 더 좋아지는 것 아냐? 무서워."

"아니거든, 그러면 얼마나 좋겠냐."

"그런가, 암튼 열심히 해! 아이고 덥다. 나는 먼저 간다!"

"그래, 잘 가."

현수는 바쁜 일이 있는 것처럼 걸음을 재촉하며, 창우를 뒤로 한 채 빠르게 걸어간다. 현수의 풀어헤친 교복의 모습, 그리고 땀에 범벅이 된 얼굴, 이마와 머리에 내려앉은 모래들 때문에 많이 지저분해 보이지만 창우는 그 모습이 부럽기만 한다.

현수의 1학기말 종합 성적은 2등이다. 1학기 때만 하더라도 학원을 다녔는데, 1학기 중간고사를 마친 이후로는 다니지 않는다. 창우는 이런 현수를 항상 부러워했다.

하교 후 항상 같이 축구를 하고, 같이 놀기도 했는데 시험을 보고 나면 항상 상위권을 유지하고 있다. 자신처럼 학원에 다니지도 않고, 많이 놀기도 하는데, 어떻게 좋은 성적을 유지할 수 있는지 궁금하다.

학원 시간이 임박하자, 창우도 걸음을 재촉한다. 학원 강의실에 도착하자마자 수업이 시작된다. 하지만 그 수업이 귀에 들어오지 않는다.

'아! 과외 끝나자마자 학원이라니! 다른 친구들은 신나게 축구하고 노는데, 난 왜 이렇게 힘들게 살고 있지?'

자신의 모습이 답답하다는 생각을 하자 창우는 수업 내내 기분이 좋지도 않고, 수업 내용이 머릿속에 들어오지 않는다.

기나긴 3시간의 학원 수업을 마치고 창우는 집으로 들어선다. 오랫동안 학원 의자에 앉아 있다 보니 힘든 모습이 역력하다.

"다녀왔습니다."

"오, 그래. 창우 수고했어. 어서 손 씻고 과일 먹자!"

"아니에요. 저 좀 쉴게요."

"그래도 엄마랑 얘기하면서 과일이라도 먹어!"

"싫다니까요!"

"그래, 알았다! 어서 쉬어."

"······."

방으로 들어간 창우는 그동안의 학교 수업과 학원 수업의 피로를 씻기라도 하듯이 컴퓨터를 켜고 게임을 하기 시작한다. 집으로 들어설 때의 피곤한 모습은 온데간데없고, 게임에만 집중하고 있다. 이렇게 시작된 게임은 12시가 되어서야 엄마의 잔소리와 함께 끝이 난다.

처음에는 엄마도 창우가 게임을 하는 것을 많이 반대했지만, 오랫동안 학교와 학원 수업을 받으러 다니느라 힘들었을 텐데 창우도 스트레스를 해소해야 한다고 생각해서 지금은 이해하려고 노력하는 편이다.

더 떨어진
창우의 성적

제2장

10월 초의 어느 날, 교문 앞은 평소보다 요란하다. 2학기 중간고사가 끝난 날이기 때문이다. 많은 학생들이 학원에 가지 않고 제각각 그동안의 스트레스를 풀 수 있는 적절한 장소를 찾아 무리를 지어 이동하기 시작한다.

하지만 창우는 시험이 끝났는 데도 전혀 기쁘지가 않고, 오히려 집으로 돌아가는 발걸음이 무겁기만 한다. 정오표를 보고 가채점한 결과 1학기 종합 성적보다 무려 7점이나 성적이 하락한 것이다.

공부를 열심히 하지 않았기 때문에 일어난 것이라는 것은 창우도 알지만, 학교 수업도 받고, 학원과 과외 수업도 받는데 1학기보다 성적이 많이 떨어졌다는 사실을 부모님께 어떻게 말씀드려야 할지 걱정이 태산이다. 학교 선생님, 과외 선생님, 학원 선생님들도 좋지 못한 눈으로 쳐다볼 것이기 때문에 걱정과 답답함이 교차한다.

오늘따라 더 무거운 발걸음으로 집으로 향하고 있을 때쯤, 뒤에서 누군가 등을 힘껏 떠밀어 창우는 넘어질 뻔했다.

"뭐야?"

"나다."

"야, 넘어질 뻔했잖아."

"에이, 왜 그래!"

"짜증나니까! 그러지 마라!"

"……."

평소에 창우라면 이러한 장난도 쉽게 받아주는데, 오늘따라 민감하게 받아들이고 있는 창우의 모습이 조금은 당황스럽다.

"왜, 무슨 일 있어? 너 뒤에서 보니 힘이 하나도 없어 보이더라."

"……."

"왜, 성적 때문이야?"

"아니, 아니야!"

"그럼, 왜 그래?"

"그냥 놔둬, 그냥 빨리 가기나 해."

"왜 그러는데!"

"아이 몰라, 답답하다."

"얘는 말도 안 하고 혼자서 난리야."

"너는 어땠어?"

"뭐가!"

"성적 말이야."

"아! 성적. 항상 똑같지 머."

"이번에도 잘 보았구나!"

"응, 조금. 너는?"

"……."

"왜, 1학기보다 과외도 받고, 학원도 다니던데, 왜 별로야?"

"응!"

"얼마나, 얼마나 안 좋은데!"

"많이, 그냥 많이!"

"그렇구나!"

현수는 1학기에 비해 과외와 학원을 더 다니면서 열심히 공부한다고 생각했던 창우의 성적이 더 떨어졌다는 사실에 조금은 놀랐다. 두 친구는 잠시 말을 잊지 못한 채 서로의 집을 향해 걸어가고 있다.

"현수야!"

"왜?"

"궁금한 게 있는데, 넌 공부하는 모습을 본 적이 없는데, 어떻게 성적이 맨날 좋니? 혹시 집에서 과외하니?"

"아니, 난 과외 같은 것 안 해!"

"그럼, 학원에도 안 다녀?"

"응, 학원도 재미없어!"

"그런데 어떻게 성적이 좋아?"

"공부를 안 하는 것이 아니라, 공부할 때는 열심히 하고, 놀 때는 더 열심히 놀고 그래, 나도 공부해!"

"공부를 했으니 성적이 좋은 것이지."

"그런데 난 열심히 과외도 받고, 학원도 다녔는데, 왜 그럴까?"

"그러게. 답답하겠다."

그 순간 현수가 주변을 두리번거리더니 옆에 작은 공원으로 창우를 끌고 간다.

"창우야! 여기에 잠깐 앉아 있어."

"왜? 뭐하게?"

"잠깐 있어 보라니까."

이 말만 남기고 현수는 뛰어서 편의점으로 사라진다. 잠시 후 현수의 두 손에는 음료수가 하나씩 들려 있다.

"자, 먹어."

"이게 뭐야?"

"그냥, 먹어. 그리고 얘기 좀 하자."

"얘기?"

제3장

창우야!
너에게 필요한
학원이냐?

현수는 창우의 옆에 가만히 앉는다. 이러한 현수의 모습에 창우는 조금은 당황스럽지만 딱히 할 일도 없고, 집에 가기도 싫으니 앉아서 얘기하는 것도 괜찮겠다는 생각이 든다.

"창우야, 답답하지?"
"응."
"나는 대충 짐작 가는 것이 있어!"
"네가?"
"응."
"너는 학원에 다닌 적도 없잖아."

"아니, 있었어."

"있었어?"

"그래, 1학기 때 잠깐 다녔는데 중간고사 끝나고 바로 그만뒀어."

"그랬구나."

"응."

"그런데 왜 그만뒀어?"

"응, 아마 그만둔 이유가 지금 너의 떨어진 성적과도 관련이 있을 거야."

"네가 학원 그만둔 것과 지금 떨어진 내 성적과 무슨 관련이 있어?"

"나도 같은 이유에서 그만둔 것과 다름 없거든."

"너도 성적이 떨어졌어?"

"아니, 떨어진 것은 아니지만, 시간과 돈을 들이고도 그만한 성과가 없었어."

"아, 그렇구나! 그럼 네가 생각하기에 지금 나에게 어떤 문제가 있는 것 같니?"

"아마, 문제가 많을걸!"

"문제가 많다고?"

"그래, 많을 거야! 짐작 가는 게 있어!"

그래도 학원은 빠지지 않고 열심히 다녔는데, 문제가 많을 것이라는 현수의 말에 더욱 기분이 나빠진다.

"왜 그래, 앉아봐!"

"야! 너 공부 좀 한다고 잘난 체하냐?"

"아니야, 너에게 말해주고 싶은 것이 있어서 그래."

"……."

화가 나지만 평소에 잘난 체하는 친구가 아니기 때문에 놀리려고 하는 말이라는 것을 창우도 알고 있다. 창우는 다시 현수에게 이끌려 자리에 다시 앉는다.

"뭔데?"

"창우, 네 공부는 하지 않지?"

"공부? 얼마나 많이 하는데."

"언제 공부하는데? 학원 끝나고 공부하냐?"

"………."

"공부, 언제 하느냐고?"

"응, 학교에서도 하고, 과외를 받으면서도 하고, 학원에서도 하지. 잠 자는 시간만 빼고 하루 종일 공부를 하지."

"학교, 과외, 학원이 공부라고?"

"그럼 공부지!"

"틀렸어."

"뭐가?"

"틀렸다고!"

"아니, 글쎄 뭐가 틀렸느냐고!"

"학교 수업, 과외 수업, 학원 수업은 수업일 뿐이지, 공부는 아니야!"

"공부가 아니라고? 그럼 뭐가 공부인데?"

"공부는, 공부는……."

"그래, 공부는!"

"공부는, 수업을 듣고, 수업 들은 내용을 내가 오랫동안 기억하기 위해 하는 활동이야. 즉, 수업 받은 것을 내 것으로 만드는 과정을 공부라고 하는 거야."

"……."

"내 말 듣고 있니?"

"으응, 그럼 내가 뭐를 잘못했다는 거야?"

"냉정하게 말하면 너는 공부를 안 해서 성적이 떨어진 거야."

"계속 말해봐!"

"너의 하루는 아마 이럴 거야!"

"어떨 것 같은데?"

"너, 솔직히 학교 수업을 집중해서 듣지 않지?"

"학교 수업?"

"솔직하게 말해봐."

"별로 집중 안 하는 것 같기는 해."

"왜 집중을 안 한다고 생각하니?"

"……."

"너 혹시 학원에서 미리 배웠다고 생각해서 집중을 안 하지?"

"……."

"그리고 학원에 가서도 집중을 안 하고, 학교에 가서는 학원에서 배웠다고 생각하고 집중을 안 하지?"

"응, 그런 것 같아."

"그리고, 늦게 집으로 가서는 숙제를 하거나, 피곤하다면서 쉬고, 그렇게 하루가 끝이 나지?"

"……."

"말해봐, 맞지?"

한참을 말없이 땅만 쳐다보던 창우가 고개를 들면서 얘기를 한다. 그 모습을 바라보는 현수는 지금 창우가 어떠한 기분일 것이라는 것을 알고 있는 것처럼 아주 편안한 시선으로 창우를 바라본다.

"그런데 현수야, 너는 어떻게 알아? 네 말이 맞아!"

"사실 나도 그래서 학원을 그만뒀어."

"그래서 학원을 그만뒀다고?"

"응."

"그래도 너는 머리가 똑똑하잖아."

"뭐가 머리가 똑똑해. 나 진짜 돌대가리야! 우리 누나는 나보고 맨날 돌대가리라고 놀려!"

"야, 웃기지마, 네가 돌대가리면 내 머리에는 똥만 들었겠다!"

"그런가?"

"학원을 그만둔 얘기 좀 더 해봐!"

"그만둔 얘기?"

"응."

"처음 중학생이 되고 나서부터 공부가 약간 부담스러워 처음에 학원을 선택했어."

"그런데?"

"힘들게 다녔는데 생각보다는 성적이 그리 좋지 못했어!"

"그랬구나."

"응."

"그래서 그만둔 거야."

"그렇지 뭐, 어차피 수업은 학교 수업으로도 충분한데, 또 학원에 가서 같은 내용의 수업을 들을 필요는 없잖아."

"그래도, 학원에서는 좀 더 많이 알려주잖아."

"응, 그래! 나도 사실은 처음에 그렇게 생각했어. 그런데 그게 아니더라!"

"아니라고?"

"그래, 사실 학교 수업 열심히 듣고, 선생님이 알려준 내용을 다시 한 번 보고, 뭐 궁금한 것 있으면 이 책 저 책 뒤져보기도 하고, 그래도 모르면 인터넷 검색하면 대부분의 내용 다 있던데?"

"아, 그렇구나!"

"너도 생각해봐! 같은 단원의 수업을 두 번 들을 필요가 있니? 없니?"

"없지."

"그래, 나도 그렇게 생각해서 학교 수업에 집중하고, 네가 학원에 갈 시간에 학교에서 배운 내용을 복습한 거야."

"복습했다고? 매일?"

"응, 매일!"

"너, 거의 매일 축구하잖아!"

"아, 축구. 나는 축구할 시간이 충분해. 그리고 학교 수업을 마치고 나서 축구 한 게임하고 집으로 돌아가 샤워하고 공부를 시작하면 오히려 집중이 더 잘돼."

"나도 그렇게 해보려고 했는데, 어렵기도 하고 시간이 오래 걸리던데?"

"아니야! 그건 네가 학교 수업에 집중하지 않고, 메모와 필기를 열심히 하지 않아서 그런 거야."

"그런가?"

"수업을 열심히 들었다면 어느 정도 이해가 되었을 거야. 이해가 된 상태이기 때문에 복습은 아주 쉽고, 시간도 오래 걸리지 않아."

"그렇구나! 그럼 시간은 얼마나 걸려?"

"음, 매일 수업 시간표에 따라 다르지만, 아마 한 시간 반에서 두 시간 정도면 충분해!"

"정말? 그 정도밖에 안 된다고?"

"그래, 너처럼 학교와 학원에서 의미 없이 시간을 낭비하면서 같은 내용을 두 번 듣는 것이 아니라, 한 번의 수업을 제대로 듣고, 그 수업 내용을 복습하는 공부의 시간을 더 많이 가진 거지."

"……."

"그리고, 결정적인 것은 시험은 학교 선생님이 출제한다는 거야."

"내가 수업을 열심히 듣고, 복습을 해봐서 아는데, 수업 중에 선생님은 시험 힌트를 많이 준다는 거야."

"하긴."

"창우야! 한 가지만 물어볼게."

"뭔데?"

"너 같으면 학교에서 배울 내용인데, 서너 시간을 투자하여 시험 출제자도 아닌 학원 수업을 받는 것이 좋을까, 아니면 학교 수업을 정말 잘 듣고, 집에서 한두 시간 정도 복습을 하는 것이 좋을까?"

"……."

"어떻게 생각하니?"

"알겠다!"

"뭐를!"

"나도 이젠 혼자서 공부해야겠다."

"내 말이 맞지?"

"지금은 그런 것 같다!"

"뭐야! 그럼 나중에는 아니라는 거야?"

"몰라, 임마! 암튼 좋은 얘기 땡큐!"

"오냐, 힘내라!"

"오늘 엄마랑 네가 해준 얘기를 가지고 진지하게 얘기해봐야겠다!"

"그래."

"암튼 고맙다."

"그래, 성적 오르면 피자 한 판 쏘기다."

"알았어."

수업은 공부가 아니라
진짜 공부가 필요하다

학원을 다니고 있는 목표가 있나요?

학원을 다니고 있는 이유가 있나요?

학원을 본인이 선택해서 다니고 있나요?

위의 세 가지 질문에 예라고 답할 수 있는 학생이라면 그나마 다행입니다. 학원이 무조건 나쁘다는 것은 아닙니다. 학교 수업에는 충실했지만 자신이 부족한 부분이 있거나 학교 수업보다 더 깊은 수업을 듣고 싶을 때는 학원을 다녀도 괜찮지만, 학교 수업을 등한시하고 학교 수업 내용을 학원에서 배우려고 하는 것은 잘못입니다.

학원을 다니고 있는 학생들은 하루에 2개의 수업을 받고 있습니다. 여기서 학원에서 배우는 수업을 공부라고 생각해서는 절대로 안 됩니다. 공부는 오늘 배운 내용을 이해하고 기억하는 과정이기 때문에 수업과는 다릅니다.

지금 현재 학원에 다니고 있는 학생이라면, 가장 중요한 수업이 학교 수업이며, 다음이 학원 수업입니다. 공부의 기본은 배운 내용을 이해하고 기억하는 과정이라고 했는데, 과연 2개의 수업을 다 듣고 공부할 시간이 있을까요?

학원을 다니고 있는 학생들의 특징은 학교 수업에는 그다지 충실하지 못하다는 것입니다. 왜냐하면 이미 학원에서 배웠거나 앞으로 학원에서 배울 것이기 때문에 학교 수업에 집중하지 않는 학생이 많다는 것입니다.

그렇다면 학교 수업 시간에는 무엇을 할까요? '학교에서 학원 숙제하고, 학원에서 학교 숙제를 한다'는 것이 무슨 말일까요? 하루의 많은 시간을 학교 수업과 학원 수업으로 보내고 있는데, 이러한 상황에서 정말 수업다운 수업을 받았다고 말할 수 있을까요?

이제 조금은 현명해져야 합니다. 시간을 잘 활용하고 포인트에 맞게 깊이 있는 공부를 해야 경쟁에서 앞서 나갈 수 있으며, 공부에 대한 스트레스도 해소할 수 있습니다.

여러분은 절대로 2개의 수업 모두를 감당할 수 없습니다. 2개의 수업을 듣다 보면 수업만으로 하루를 마감하게 되고, 공부가 아닌 수업으로 얻은 지식은 쉽게 사라져 버립니다. 그러면 어떻게 해야 할까요?

제일 중요한 사실은 학교 수업은 최선을 다해 듣고, 필기하고, 메모해야 한다는 것입니다. 그리고 학원보다는 집이나 자신만의 아지트에서 오늘 배운 내용을 공부해야 한다는 것입니다.

즉, 2개의 수업보다는 시험 문제 출제자의 수업에 집중하고, 수업 진도에 맞게 매일매일 복습을 하면서 하루하루를 보내면, 시간도 절약되고 성적도 쉽게 향상된다는 것입니다.

그렇다면 시간은 얼마나 걸릴까요? 일반적인 입시, 종합 학원은 평소 오후 5시 정도에 시작해서 9~10시까지 수업을 하며, 시험 기간에는 거의 10시까지 수업을 합니다. 하루에 4시간 이상을 학원에서 보내게 되는 셈입니다.

4시간 이상 학원 수업을 듣는 것보다 오늘 학교 수업에 최대한 집중하고 배운 내용을 집에서 공부하면, 1시간 30분에서 2시간이면 충분합니다.

4~5시간 동안 학원에서 수업을 듣는 것이 좋은가요, 아니면 학교 수업에 집중하고 2시간 정도 집에서 공부하는 것이 좋은가요?

모두 집에서 공부하고 싶다고 얘기하겠지요? 하지만 집에서 공부하려면 무엇을 준비해야 할까요? 참고서, 문제집일까요? 아니면 학교 수업 중에 열심히 메모하고 필기한 교과서나 유인물, 필기한 노트일까요?

맞습니다. 교과서와 유인물, 필기한 노트를 가방에 넣고 집으로 돌아와야만 집에서 공부를 할 수 있습니다. 그런데 집에서 공부를 해야 한다는 생각은 가지고 있으면서 이러한 준비를 하지 않으면 공부할 것이 없게 되어 참고서를 뒤적거리가 문제집을 풀고 마는 아주 단순한 공부가 되어버립니다.

그런데 공부할 준비가 된 학생들은 어떨까요? 교과서를 보면서 선생님이 말씀하셨던 중요한 포인트를 기억하고, 또 유인물을 통해 다시 한 번 공부하고, 그래도 모르는 부분이 있으면, 참고서의 내용을 살펴봅니다. 그러면 공부가 재미있고, 선생님의 수업을 기본으로 공부했으므로 성적이 쉽게 향상될 것입니다.

이러한 공부가 습관이 된 학생은 지금보다 고등학교 시절 내신 성적이 다른 학생들에 비해 높을 가능성이 많습니다. 학교 수업에 집중했으며, 자신만의 공부를 해보았던 경험이 있는 학생들은 학원을 다니지 못할 수도 있는 고등학교 때 더욱 큰 힘을 발휘할 가능성이 높다는 것입니다.

학원도 잘 활용하면 좋은 점이 많습니다. 하지만 학교 수업에 집중하지 않으면서 학원 수업을 열심히 하면 된다고 생각하는 학생들은 자신의 공부 상태를 먼저 점검해야 합니다.

이제부터 수업이 아니라 진짜 공부를 해야 합니다. 시험 출제자인 학교 선생님의 수업에 집중하고, 집에서 공부할 준비물을 가방에 넣고 집으로 돌아와 오늘 배운 내용을 복습하면서 하루를 보내는 진짜 공부를 해야 합니다. 이러한 공부가 시간과 비용 그리고 여러분의 고등학교 내신까지 좋은 영향을 미칠 수 있는 가장 좋은 방법이자 습관이라는 사실을 꼭 명심하기 바랍니다.

오늘은 정말 집중을 잘하는데!

학교 수업에 집중

집에서
1시간 30분 ~2시간 공부

Theme

5

1 번 문제
2 번 문제

연결

무더웠던 여름이 지나고 이제 제법 아침저녁으로 서늘한 바람이 불고 있다. 지난 여름 방학 동안 2학기를 위해 무더운 더위와 싸운 현성이와 진우는 오늘도 나란히 바람에 흔들리는 낙엽길을 따라 걷고 있다.

현성이와 진우는 같은 아파트 단지에 살기 때문에 초등학교 시절부터 매일 함께 다닐 정도로 친한 사이였지만, 엄마들의 교육관이 달라 중학교에 입학한 후에는 서로의 학원과 과외로 시간을 보냈기 때문에 서로 대화를 나눌 시간도, 같이 운동할 시간도 없었다.

그런 현성이와 진우가 여름 방학부터 다시 가깝게 지내게 된 계기는 동사무소에서 운영하는 독서실을 같이 다니게 되면서부터이다.

독서실에 혼자 앉아서 공부하면 답답했지만 현성이도 진우가 있어서 좋았으며, 진우 역시 현성이가 있어서 지루한 시간을 잘 이겨낼 수 있었다.

두 사람은 2학기가 되어서도 같은 학원에 등록했고, 학원에서 남은 시간은 독서실에서 같이 공부를 하기도 했다. 같은 학교에서 같은 선생님께 수업을 듣고, 같은 학원에서 같이 수업을 들었으며, 같은 독서실에서 같은 시간 동안 열심히 공부를 했는데 현성이의 중간고사 성적은 진우보다 훨씬 낮았다.

노력한 만큼 성적이 오르지 않은 것도 속이 상하지만, 진우와 같은 시간 동안 공부하고도 성적의 차이가 많이 난다는 사실 때문에 현성이도 크게 충격을 받은 모양이다.

"현성아!"

"어, 진우구나!"

"왜 그렇게 풀이 죽어 있어?"

"응, 그냥!"

"우리 오늘 학원 끝나고 독서실 가기 전에 잠깐 시간 있잖아. 그때 내가 맛있는 것 사줄게. 같이 가자."

"응, 너 같은 짠돌이가 먹을 것을 사준다고?"

"나도 기분이 좋으면, 한턱 쏠 때도 있다 뭐."

"좋기도 하겠다. 나는 심난해 죽겠는데."

"뭐가 심난해? 너도 성적이 많이 올랐으면서."

"몰라!"

"우리 엄마가 너랑 같이 공부하면서 1학기보다 성적이 올랐다고 칭찬하시더라. 그리고 학원 끝나고 너와 같이 맛있는 거 사 먹으라고 이렇게 용돈까지 주셨는걸."

"몰라! 우리 엄마는 좋아하지도 않더라."

"왜?"

"야! 너 같으면 좋아하겠냐? 같이 공부했는데 너는 10점 이상 성적이 오르고, 나는 겨우 3점 올랐으니 기분이 좋겠냐?"

"에이, 왜 그래! 그래도 성적이 떨어지지 않고 3점 올랐으면 다행이지. 다음에 나보다 더 많이 오르면 되잖아."

"몰라, 임마!"

"야, 왜 나한테 신경질이야. 참나!"

"나를 가만히 놔둬라. 나도 답답하다!"

알고 있는 지식과 연결해야 한다

제1장

현 성이와 진우는 학원 근처의 분식집에 나란히 앉아 있다. 진우는 현성이와 같이 맛있는 것도 먹고, 그동안 같이 고생한 얘기들을 나누면서, 서로에게 그동안 고생했다는 격려의 말도 하고, 다음 시험에 대한 목표를 같이 세워보려고 했는데, 현성이의 기분이 너무 좋지 않아서 오늘 만나자고 한 것이 후회가 되기도 한다.

"현성아 그만 기분 풀고, 우리 맛있는 거 먹으러 가자. 그리고 다시 한 번 기말고사를 위해 노력해보자."

"아! 나도 그러고 싶은데 도무지 왜 나만 노력한 만큼 성적이 오르지 않는지 고민이야."

"어떤 사람은 빨리 효과가 나타나고, 어떤 사람은 효과가 나타날 때까지 시간이 걸린다는 말도 있잖아."

"또 그런 말을 하네. 그럼 너는 효과가 빨리 나타난 것이고, 나는 멍청해서 늦게 나타난다는 얘기야?"

"너, 정말 내 말을 삐딱하게 받아들일래?"

"미안, 하지만 아무리 생각해도 이해가 안 돼. 분명히 너와 나는 똑같이 공부했는데……. 다른 점이 있다면 사람이 다르다는 것과 학교 수업을 따로 듣는 정도일 뿐이고……. 심지어 문제집도 같은 것을 풀었잖아."

"그렇지! 거의 싱크로율 90% 이상일 걸."

"그렇지?"

"너, 혹시 시험지 가지고 있어? 시험지를 보면 나하고 다른 점이 있을 것 같다는 느낌이 드는데?"

"어떤 시험지?"

"이번에 본 중간고사 시험지 말이야!"

"응, 지금 가방에 있는데, 왜?"

"응, 시험지를 보면 그 사람의 공부 모습을 알 수 있다는 얘기를 들은 것 같아서 그래."

"그래?"

"응, 그러니까 지금 여기는 분식집이고, 우리 둘은 여기에 맛있는 거 먹으러 왔으니까 일단은 맛있게 먹고, 독서실에서 서로의 시험지를 펴놓고 뭐가 다른지 찾아보자. 어때?"

"응, 그러자."

"좋지?"

현성이와 진우는 맛있게 돈가스를 먹으면서 그동안 시험을 준비하면서 있었던 얘기들을 나눈 후에 독서실에 도착하여 넓은 책상에 두 사람의 시험지를 펼쳐놓고 비교하고 있다.

현성이도 진우의 시험지를 한 장씩 넘기면서 살펴보고, 진우 역시 현성이의 시험지를 꼼꼼히 살펴보고 있다. 그러다가 먼저 말을 건넨 것은 현성이었다.

"진우야! 네 시험지는 왜 이렇게 지저분하냐?"

"나는 너와 반대로 네 시험지가 너무 깨끗하다고 생각했는데?"

"내 시험지가 너무 깨끗하다고?"

"응, 깨끗해도 너무 깨끗해!"

"지저분한 게 더 문제가 아닐까?"

"야! 말은 바르게 해라. 이건 지저분한 게 아니라 확인하고, 체크하면서 문제를 푼 것이잖아!"

"그래도 어수선해 보이잖아."

"방금 전에는 지저분하다고 하더니, 이제는 어수선하다고 하고, 뭐가 불만인데?"

"아니, 그래도 내 시험지와 달라서 그래, 이렇게 문제를 풀다 가는 시간도 부족할 것 같다는 생각이 들고……."

"아니 잠깐만! 너 이 문제 나와 같이 풀었던 문제인 것 같은데?"

"응, 맞아!"

"근데 왜 틀렸어?"

"응, 그때는 알았는데, 풀다가 실수했던 것 같아!"

"어? 이 문제도 기출 문제에 나왔던 건데?"

"그래?"

"어, 잠깐만!"

진우가 책꽂이에 꽂혀 있는 기출 문제를 이리저리 넘기더니 고개를 돌리면서 얘기한다.

"여기 이 문제잖아!"

"어? 그러네! 그런데 왜 틀렸지?"

"이 문제도 실수구나!"

"응, 모두 고르라고 했는데 모르고 1개만 썼어."

"……"

"진우야 갑자기 왜?"

"현성아, 한 과목에서 실수가 3문제다. 그럼 9점에서 12점이야. 그럼 어림잡아 6과목이면 벌써 60점이잖아!"

"그런가?"

"뭐가 그런가야. 잘 들어. 이 60점을 평균으로 계산해보면 10점 정도를 실수로 까먹은 거잖아."

"그런가?"

"또 뭐가 그런가야! 너는 문제 풀이 실수로 10점은 더 올라갈 수 있는 성적을 버린 거잖아!"

"……"

"분명히 너와 나는 함께 공부를 했기 때문에 성적은 어느 정도 같이 향상되어야 했는데, 너는 실수로 노력한 만큼 성적 향상을 이루지 못한 것이지."

"너는 뭐 실수 안 하냐?"

"물론 나도 실수를 하지. 하지만 나는 실수를 최대한 줄이기 위해 항상 노력해."

"좋겠네, 좋겠어!"

"야, 비아냥거리지 말고, 내 시험지를 다시 봐. 이게 지저분한 것은 아니잖아. 어디에 낙서가 되어 있는 것도 아니고……. 여기 보면 밑줄과 동그라미, 그리고 틀린 부분은 올바르게 고치면서 풀었잖아."

"그런 것 같네."

"그런데 네 시험지를 봐. 내가 보기에는 이 분야의 전문가가 그냥 단순 문제를 체크한다고 생각하면서 문제를 푼 것 같잖아. 꼭 선생님이 문제를 잘 출제했나, 못했나 점검하는 것 같아."

"내가 보기에는 깨끗하고 좋기만 하구먼!"

"깨끗하면 점수를 더 주니? 네가 이렇게 하나하나 밑줄을 긋고, 문제에서 중심이 되는 단어에 동그라미를 치면서 문제를 푼 것은 최대한 나의 실

수를 줄이기 위한 노력이야."

"그러면 효과가 있어?"

"응, 나한테는 이게 맞는 것 같아. 시험을 준비하면서 문제를 많이 풀었잖아. 그때 나도 너와 같은 경험을 한 적이 있어, 분명 문제를 읽었을 때는 이게 아니었는데, 막상 채점을 해보니 내가 문제를 잘못 읽었던 거야. 그 다음부터는 문제를 꼼꼼하게 읽게 되었던 것 같고, 그러면서 이렇게 밑줄을 그었던 것 같아!"

"……."

"너 혹시 지난 시험을 준비하면서 풀었던 문제집 지금 있어?"

"응. 왜?"

"아니 어디서부터 잘못 되었는지 찾아보려고."

현성이는 기분이 많이 좋지 못한 모양인지 문제집 한 권을 찾아서 진우의 앞에 던지듯이 내려놓았다. 하지만 마음속으로는 자신도 문제 풀이에 문제가 있다고 생각하는지 진우의 말에 집중하고 있다.

"현성아! 너 시험을 준비할 때 처음부터 이렇게 풀었구나."

"응, 항상 이렇게 풀었는데?"

"이렇게 풀면 안 돼. 시험을 위해 공부할 때나 자신이 공부한 내용을 점검하기 위해 문제를 풀 때는 절대로 이렇게 풀면 안 되는 거야."

"아! 뭐가 그리 복잡해, 예를 들어 설명해봐."

"잘 봐. 여기 이 문제 있잖아."

"응. 너는 그냥 문제를 읽고 체크하면서 풀고 채점만 했잖아."

"그런데?"

"이렇게 풀면 안 돼. 이 문제는 우리나라 하천에 대한 설명으로 옳은 것을 찾는 문제잖아."

"응."

"그러면 옳다고 생각하는 답만 찾아내서 체크하지 말고, 왜 그 내용이 틀린 답이 되었는지를 확인하고 고치면서 문제를 풀어야 네가 공부한 내용과 지식을 충분히 문제에 집어넣을 수 있고, 또 자기 공부도 한 번 더 점검할 수 있어. 그럼으로써 최대한 실수를 줄일 수 있는 거야!"

"무슨 말인지 잘 모르겠어."

"5지 선다형의 1번을 봐. 계절에 따라 유량의 변화가 거의 없다고 되어 있잖아."

"응."

"이 경우에는 왜 틀린 내용인지를 고치면서 풀어야 하는 거야. 우리나라는 여름철에 강수량이 집중되어 있잖아. 그래서 유량의 변화가 크기 때문에 '없다'를 '많다'로 고치면서 풀어야 하는 거야!"

"음……."

"또 2번은 '대부분의 큰 하천들은 동해로 빠져나간다.'라고 되어 있잖아. 그러면 동해가 아니라 서해라고 고치면서 풀면 네가 공부한 내용도 확인하게 되고, 절대로 문제를 실수하지 않게 되는 것이지."

"아, 그렇구나! 나도 한번 해볼게. '압록강의 중국과 국경을 이루며 동해로 유입된다.'에서 황해로 유입되기 때문에 동해라는 글자 옆에 황해라고 쓰면 되는 거지!"

"그렇지, 바로 그거야!"

"음, 좀 더 확실하게 문제를 풀 수 있겠다는 생각은 든다."

"그렇지, 우리가 시험을 위해서 풀었던 문제와 똑같은 문제는 시험에 출제가 되지 않는다고 생각하는 것이 맞을 거야. 그렇기 때문에 한 문제 한 문제 꼼꼼히 풀면, 조금 변형되고 응용된 문제들도 어느 정도 해결할 수 있는 힘이 생기게 되는 것이지."

"음, 무슨 말인지 알 것 같아."

"역시 이해가 빠른 것을 보니 머리는 나쁘지 않은 것 같아."

"뭐야?"

"하하!"

"야! 그런데 너는 왜 이렇게 중요한 것을 이제야 알려주냐?"

"뭐라고?"

"너는 공부하다가 모르는 거 있으면 나한테 맨날 알려달라고 했으면서, 이렇게 중요한 것은 혼자만 알고 너만 성적 올렸단 말이지, 이런 배신자 같으니!"

"뭐야?"

"하하!"

한참 동안 독서실 한 편에서 옥신각신하던 현성이와 진우는 창가로 들어오는 밝은 햇빛을 받으면서 환하게 웃고 있다. 현성이도 진우의 말을 듣고 지금까지 자신이 공부를 소홀히 했거나 게을리한 것이 아니라 문제 풀이를 하는 과정에서 공부한 내용을 충분히 문제에 전달하지 못했거나 실수 때문에 성적을 많이 향상하지 못했다는 것에 조금은 안도감이 들었고, 무엇보다 자신의 문제점을 알게 되어 기분이 좋았다.

단기 목표를 가지고 문제를 풀자

제2장

다음날 같은 시간 현성이와 진우는 독서실에 나란히 앉아서 오늘 학교의 수업과 학원의 수업을 다시 한 번 복습하면서 공부를 마무리하고 있다.

"오늘 공부, 다 했어?"

"응, 이미 다 끝내고 네 공부가 끝나기를 기다리고 있었어."

"그래, 그럼 우리 이제 문제를 풀어볼까?"

"그래."

현성이와 진우는 공부를 끝내고 공부한 내용에 관련된 문제를 풀어보면서 오늘 공부한 성과를 점검하는 시간을 갖고 있다. 그리고 문제를 풀고 나서 오늘 공부 중 부족한 부분이 있는 내용은 집에 가서 다시 한 번 공부하면서 오늘의 공부를 마무리하는 습관을 들이기 시작했다. 그런데 문제를 풀기 시작하려는 순간 진우가 평소와 다른 행동을 하기 시작했다.

"진우야, 문제 풀자니까 뭐하고 있는 거니?"

"응, 어제 네가 문제 푸는 방법을 알려주었잖아. 그리고 나서 문제 풀기를 좀 더 효과적으로 할 수 없을까 해서 검색을 했더니 단기적인 목표를 갖고 문제를 풀면 더 집중이 되고, 시간도 효율적으로 사용할 수 있다고 해서 한번 해보려고."

"단기 목표를 가지고 문제를 푼다고?"

"응, 지금까지 우리는 그냥 문제를 풀었잖아!"

"응."

"그런데, 문제를 풀다가 중간에 화장실을 가고 싶을 때도 있고, 물을 마시고 싶을 때도 있잖아."

"응, 그런데?"

"그런데 우리는 그때마다 문제 풀이를 중단하고, 하고 싶은 것을 하곤 했잖아."

"그랬지."

"그런데 그건 좋지 못하다고 하더라고."

"그럼, 나쁜 거야?"

"하하, 나쁜 것은 아니고 좋지 못하다고."

"왜 그런데?"

"응, 문제를 풀 때에는 집중을 해야 하고, 한번 풀기 시작했으면 그 지식이 계속 연결되어야 하는데, 자꾸 중간에 끊기면 집중력도 낮아지고, 사고의 연속성이 떨어진다고 하더라고."

"그럼, 어떻게 해야 하는데?"

"음, 검색을 해보니, 문제 문항수를 보고 난 후에 자신이 그 문제를 전부 풀 수 있는 시간의 목표를 설정하고, 그 시간에 문제를 풀기 위해서 노력하면 좋다고 하던데?"

"조금 답답하겠다는 생각이 드네?"

"응, 나도 그렇기는 한데, 다들 좋다고 하니까 나도 한번 해보려고."

"조금 귀찮기도 하고."

"한번 해보고 아니면 안 하면 되잖아! 문항수를 보고 나서 목표 시간을 설정하는 데 10분이 걸리니, 5분이 걸리니? 목표 시간을 기록하는데 약 10초면 다 하겠네."

"10초?"

"그래, 10초면 다 하지. 10초가 귀찮은 시간은 아니잖아. 10초 투자해서 더 좋은 결과를 만들어 내면 10초쯤이야!"

"하긴, 한번 해보자."

"자, 우리가 지금 풀어야 하는 과목이 국어니까 국어는 문항수의 절반이 시간이라고 했거든!"

"문항 수의 절반."

"응, 중학교의 문제는 문항수의 절반 정도면 충분히 풀 수 있다고 했거든."

"그래."

"우리가 지금 풀어야 하는 문항이 30문항이니까! 15분이면 되겠네."

"뭐? 30문항을 15분에?"

"아이, 참. 왜 그래? 일단 한번 해보자고!"

"해봐서 안 되면?"

"뭐, 해봐서 안 되면 시간을 변경하거나 목표를 잡고 문제를 풀었는데

별로 좋지 못하다고 생각되면 안 하면 되지.”

"좋아, 한번 해보자.”

"자, 마지막 30번 문항 밑에 15분이라는 목표를 적어보자. 너도 빨리 적어.”

"응, 알았어!”

"자, 그럼 시작한다.”

"좋아.”

현성이와 진우는 문제를 풀기 위한 목표를 정한 후에 문제를 풀기 시작했다. 평소 문제를 풀 때 현성이는 중간에 이동을 많이 하는 편이었고, 진우는 자주 몸을 흔들거나 스트레칭을 많이 하는 편이었는데, 오늘은 둘 다 전혀 자세가 흐트러지거나 이동하지 않고 문제 풀이에 집중하고 있다.

"다! 풀었다. 16분 20초네!”

"어, 잠깐만……. 나도 거의 다 되었어. 잠깐만.”

"……”

"나도 다 풀었다. 17분 42초!”

"에이, 15분이 목표였는데, 실패네.”

"그러네.”

"에이, 다음부터는 하지 말자. 괜히 답답하기만 하다.”

"현성아! 잠깐만. 나는 이 방법이 좋은 것 같아.”

"이 방법이 좋다고? 나는 문제를 푸는데 가슴이 답답하던 걸."

"나는 오히려 좋다고 생각하는데?"

"이게 좋다고?"

"한번 생각해보자. 네가 가슴이 답답했다는 것은 시간에 쫓긴다는 것을 의미하잖아?"

"그래! 목표 시간 내에 풀기 위해서 그랬던 거지."

"우리가 중간고사나 기말고사를 볼 때 간혹 시간이 부족할 때가 있잖아. 그때 시간에 쫓기게 되면, 문제에 집중하지 못하고 서두르다 보면 오답이 될 확률이 높잖아. 그런데 평소에 그런 경험을 많이 하다 보면, 좀 더 침착하게 풀 수 있지 않을까 하는 생각이 드는데?"

"그렇기는 하겠다! 그래도 답답한데……."

"아니, 아니야! 좋은 점이 또 하나 있어."

"뭐가 좋은데, 네가 제안한 방법이라고 해서 계속해서 우기는 거지?"

"아니거든!"

"그럼 뭔데, 말해봐."

"음, 집중력이 더 좋아진 것 같아! 우리가 어제까지만 해도, 문제를 풀다가 자리를 이동하거나, 몸을 비틀거나 하는 행동이 많았잖아. 그런데 오늘은 그러한 행동들이 하나도 없었잖아."

"음, 그렇기는 하다. 시간 안에 문제를 풀려고 노력하다 보니 그럴 수밖에 없지 않았겠어?"

"그게 좋은 거잖아. 오로지 문제에 최대한 집중하면서 풀었잖아!"

"그래, 그건 맞는 것 같아! 아, 그럼 또 하나 좋은 것이 있다."

"뭔데?"

"시간이 절약되는 것 같아! 우리가 15분의 목표를 이루지 못했지만, 그래도 평소에 문제를 풀 때보다는 시간이 많이 절약되는 것 같았어."

"어? 진짜 그러네?"

"좀, 답답하기는 했지만, 좋은 점도 있는 것 같다."

"그럼, 우리 이 방법을 계속해서 사용해볼까?"

"응. 괜찮은 방법은 빨리 내 것으로 만드는 것이 현명한 사람이야!"

"웃기고 있네, 무식이 유식을 찾네!"

"뭐, 네가 유식하다고? 진우 너 이번에 성적이 많이 올랐다고 나를 무식하다고 했어!"

"아! 미안, 미안."

"성질나게 자꾸 그러지 마라."

"알았다니까! 자, 그럼 이 방법을 적용하기 전에 무엇이 좋은지 다시 한번 생각해보자!"

"집중력이 좋아진다."

"문제 풀이 시간이 단축된다."

"시험 시간에 시간이 부족하더라도 떨리지 않는다."

"좋았어! 현성이 너도 제법인데."

"그렇지, 나도 똑똑하다고!"

"현성아, 그런데 모든 과목에 똑같은 시간을 정하면 안 될 것 같아!"

"무슨 소리야?"

"국어는 절반이지만, 수학 같은 과목은 절반을 하면 안 될 것 같은데?"

"하긴, 수학은 아무래도 풀이 시간이 오래 걸리니까. 문항수 대비 절반 하면 절대로 못 풀겠다!"

"그럼, 우리 수학은 문항수와 같은 시간으로 한번 해 볼까?"

"문항수와 같은 시간으로?"

"응, 20문항이면, 20분 이렇게!"

"20문항 20분이라. 조금 급하기는 한데 한번 해보지 뭐!"

"그리고 다른 과목들도 나름 풀이 시간을 정해보는 것은 어때?"

"뭐, 모든 과목의 목표를 똑같이 잡을 수는 없지만, 우선 너와 나의 풀이 속도를 한번 체크도 해볼 겸 풀이 시간을 정하고, 풀이 시간이 부족하다면, 다시 수정하면서 풀면 되지 뭐."

"그래, 일단은 우리가 최대한 풀 수 있는 시간을 정하고, 계속 풀면서 목표 시간을 조정하도록 하자."

"그러지 뭐."

"뭔 대답이 그러냐?"

"이게 또 시비를 거네! 그럼 소리를 고래고래 질러야 하냐?"

"하하하. 그런 것은 아니지만 좋아하는 표정을 지으면 좋잖아!"

"아, 좋아! 너무 좋아서, 오늘도 아름다운 밤이다! 됐냐?"

"하하하!"

현성이와 진우는 새로운 방법을 알았다는 것이 너무 좋아서 크게 웃다가 다른 사람의 눈총을 받았지만, 그래도 좋은지 계속해서 웃고 있다.

오답은
구멍이다

제3장

한 주가 흘러가고 일요일이 되었다. 한 주 동안 열심히 공부한 현성이와 진우는 일요일인데도 만나서 같이 공부하기로 했다. 처음에 일요일에 같이 만나서 공부한다고 했을 때 부모님들은 반대를 했다. 초등학교 때부터 날마다 같이 뛰어놀던 아이들이 공부를 한다고 했을 때는 믿지 않았지만, 한 번의 시험이 끝나고 현성이와 진우가 같이 노력하는 모습을 보면서 이제는 부모님들도 열심히 하라는 격려와 함께 배고프면 맛있는 것을 사 먹으라고 용돈까지 주신다.

오늘은 일요일이어서 동사무소도 쉬기 때문에 가까운 사설 독서실에 가서 공부를 하기로 했다. 물론 공부할 내용은 한 주 동안 공부한 내용을 반복하는 것이고, 학원에서 배운 수학 공부와 숙제를 하기 위해서이다.

"왔어?"

"응, 많이 기다렸어?"

"아니, 나도 금방 왔어!"

"자, 얼른 올라가자!"

"뭐 좀 먹고 가자! 배가 조금 고파서 그래!"

"밥 안 먹었어?"

"응, 먹었는데, 독서실에 가려고 하니 배가 고파지네."

"그래, 그럼 간단히 우유와 빵 하나씩 먹고 가자, 내가 사줄게."

"와! 좋은데."

"공부하러 간다고 했더니 아빠가 용돈을 주시더라."

"아빠가?"

"응, 예전에는 없었던 일이지, 집 밖으로 나가지도 못하게 했고, PC방에 갈까봐 용돈을 주시는 일이 없었는데, 이제는 알아서 주시니."

"그러게 말이다. 나도 엄마가 용돈을 주셨어. 공부하고 또 배가 고프면 그때는 내가 살게."

"그래, 우리가 같이 열심히 하니까 부모님들도 알아주시는 것 같아. 그렇지?"

"응, 그런 것 같아."

"예전에는 맨날 나가서 놀고 온다고 못 나가게 했는데 이제는 알 것 같아. 우리가 못 나가게 하는 이유를 부모님께 만들어주셨던 것이지."

"그러게, 우리가 우리 일을 알아서 했으면 이렇게 부모님들이 좋아하시는 걸 이제야 알게 되었다는 말이지."

"그러게."

현성이와 진우는 간단하게 배를 채우고 나서 독서실로 올라간다. 오늘은 일요일이라 그런지 제법 많은 사람들이 벌써부터 각자의 자리에 앉아서 공부를 하고 있었다. 또 한 편에서는 친구와 잡담을 하거나 만화책을 보는 아이들도 있었다.

현성이와 진우도 불과 몇 달 전만해도 이러한 아이들과 별반 차이가 없었지만, 한 번의 각오와 한 번의 시험으로 이제 많이 달라져 있다. 독서실에서 그러한 행동을 하는 학생들을 보면 오히려 한심하다는 생각마저 들기도 한다.

"자, 시작해볼까!"

"그래, 현성이 너는 뭐부터 할 건데?"

"음, 나는 일단은 수학 숙제부터 먼저 할 거야. 나는 숙제를 먼저 하는 것이 좋더라니까!"

"그래, 알았어! 나는 영어 단어와 한자를 좀 더 외워야겠다."

"좋았어, 파이팅!"

"오케이."

이렇게 공부를 시작한 현성이와 진우는 평소 때보다 더 열심히 공부를 하고 있다. 약간의 소음이 있더라도 전혀 상관하지 않고 자신에게 주어진 공부에만 집중하고 있다.

"현성아."

"응."

"나, 깜박 잊고 과학 참고서를 안 가지고 왔어. 책 좀 빌려줘."

"응, 알았어. 여기!"

"고마워."

진우가 과학 공부를 하면서 잘 이해가 되지 않은 부분이 있는지 현성이의 참고서를 빌려보기 시작한다. 그런데 찾고자 하는 정보는 찾지 않고 참고서를 이리저리 뒤적거리고 있다.

"현성아."

"왜?"

"현성아."

"왜 자꾸 부르는 거야?"

"너, 이게 뭐니?"

"그게 뭐냐고? 참고서지."

"아, 그런데 이게 뭐냐니까?"

"뭐가, 얘가 오랜만에 집중하고 있는데, 왜 태클을 걸어!"

"아니, 이게 왜 이렇게 있냐고?"

"아, 그 문제 틀린 문제잖아!"

"틀린 문젠데 왜 이렇게 채점을 하고, 가만히 놔뒀어?"

"응. 다시 읽어봤는데, 왜?"

"다시 읽어봤다고? 그게 다야?"

"그럼, 뭐 어쩌라고?"

"네가 참고서에 풀어놓은 문제들을 보니 틀린 문제들을 하나도 건드리지 않았던데, 어디에 따로 적어 놓은 거니?"

"아니, 뭐 힘들게 적냐? 그냥 왜 틀렸는지 다시 한 번 보면 되지."

"한 번 보기만 했다고?"

"아니, 내 말을 왜 이해하지 못하냐? 다시 읽었다고."

"그게 다야?"

"그럼, 그게 다지 뭐가 더 있냐?"

"너, 지금까지 그렇게 공부했어?"

"얘가 갑자기 왜 그래? 신경질 나게."

"답답해서 그런다, 왜!"

"뭐가 답답해, 지금까지 너랑 나랑 같이 공부했잖아."

"왜, 문제를 풀고 오답이 된 내용을 그냥 두고 있느냐고."

"뭘 그냥 둬! 다시 봤다니깐, 다시 읽었다고."

"야! 읽으면 다 된 거야? 왜 틀렸는지, 무엇을 잘못해서 틀린 건지를 알아야 할 것 아냐."

"읽으면 다 알게 되던데."

"그래, 좋아. 네가 틀린 문제 중에 내가 다시 물어볼 테니 대답해봐. 알았지?"

"그래, 해봐."

"자! 한다. 잘 들어! 힘의 크기가 3N인 두 힘이 한 물체에 동시에 작용하였다. 이때 이 물체가 움직이지 않았을 때를 설명해봐."

"야! 그거 서술형이냐?"

"아니, 선다형인데."

"그럼, 그렇게 물어봐야지."

"왜? 찍어보기라도 하게?"

"아니, 그냥 그렇게 물어보니까 그렇지."

"야, 이거 힘의 평형에 대한 내용이잖아. 네가 틀린 문제이고, 다시 공부했다면 충분히 말할 수 있는 내용인데 뭘!"

"……."

"모르겠지? 틀리고 나서 다시 읽었을 때는 알 것 같은데, 기본 원리를 물어보니 모르겠지?"

"응, 분명히 읽었는데."

"오답은 읽는다고 해서, 완전히 내 것이 되지 않아! 왜 틀렸는지를 교과서와 참고서를 찾아보고, 아니면 해설이라도 찾아보고 적으면서 그 문제를 완전히 이해해야 하는 거야."

"너는 그러냐?"

"나는 항상 그랬는데."

"자, 봐! 이 문제는, 움직이지 않았다는 것은 두 힘이 평행하다는 거잖아. 그렇지?"

"응!"

"두 힘이 평형하기 위해서는 물체에 작용하는 힘의 합력이 0이어야 하는 것이고."

"응."

"그렇기 때문에 같은 작용선상에 존재하는 두 힘이 크기는 같고, 방향이 반대여야 한다는 것이지. 이 원리를 정확하게 알고 있어야 다른 문제들도 풀 수 있게 되는 거야."

"그런가?"

"뭐가 그런가야. 문제를 푸는 이유는 나의 공부가 잘되었는지를 점검하기 위한 것이지만, 내가 어느 부분의 공부가 부족한지를 파악하기 위한 것이기도 해."

"그렇지!"

"그럼 틀린 문제는 내가 잘 이해하지 못했거나 정확히 기억하지 못하는 부분이잖아."

"응."

"그러면 그 부분을 완벽하게 다시 공부를 해야 하는데, 대충 읽은 것은 너의 부족한 부분을 완전히 채운 것이라고 볼 수 없어."

"우리 같이 문제를 풀었잖아, 너도 그렇게 하는 줄 알았지."

"내가 지금 과학 참고서가 없어서 같은 부분을 보여주지는 못하지만, 여기 사회 참고서가 있으니 한번 봐."

현성이는 진우에게서 사회 참고서를 넘겨받고, 한 장씩 넘기면서 꼼꼼하게 살펴보고 있다. 분명히 같이 공부했을 때는 보지 못했던 내용들이 틀린 문제 곳곳에 적혀 있었다.

"본 소감이 어떠냐?"
"소감이 어떠냐고? 얘가 또 비밀 공부를 하고 있었네."
"비밀 공부?"
"야, 너는 내 앞에서는 한 번도 이렇게 한 적이 없잖아? 그런데 이런 방법은 어디서 배운거야?"
"뭘?"
"이거 말이야. 오답마다 깨알같이 적힌 내용들."
"아, 그건 말이야. 너랑 같이 문제 풀고 집에 가서 틀린 문제들을 다시 공부한 것이지."
"나는 여기서 한 공부가 끝이라고 생각해서 안 했는데, 너는 집에서도 했다고?"
"당연하지, 문제를 풀어서 틀렸는데, 그냥 놔두고 잠을 자냐?"
"나는 잠을 잔단 말이야."
"너도 오답 내용을 다시 한 번 공부하면 되잖아."

"에이."

"뭐가 에이야. 너는 애초에 오답에 큰 관심이 없었잖아."

"하긴 뭐, 그랬지!"

"나는 너도 오답 정도는 깊이 있게 확인하고 있을 줄 알았는데, 너의 참고서를 보고 깜짝 놀라서 얘기해주는 거야!"

"지금까지 너의 말을 듣고 보니, 오답은 반드시 확인하고, 체크했어야했는데 내가 너무 소홀히 한 것 같아!"

"그렇지?"

"그래도, 너는 진작 알려주었어야 했어. 너 혼자서만 집에 가서 그렇게 열심히 하면 안 되는 거야."

"알았어. 좋아. 나 혼자 열심히 해서 미안하다고."

"진심이야."

"아니, 아니지."

"이런, 나쁜 놈 같으니!"

"너 자꾸 그러면, 나는 다른 방법도 있는데 절대로 안 가르쳐준다."

"뭐? 다른 방법도 있어?"

"그럼!"

"그럼 이게 다가 아니라, 또 다른 방법이 있단 말이지. 이게 나를 두 번 씩이나 속이고 혼자서 열심히 했단 말이지."

"에이, 그건 아니잖아!"

"빨리 말해봐!"

"싫다. 실컷 나쁜 놈 취급해 놓고 아쉬우니까 가르쳐달라고 하고, 욕하고 나서, 필요한 것만 가져 가려고."

"그게 아니라 좋은 것은 나누어 가지면 좋잖아."

"나누어 가지자고?"

"응! 기쁨도 나누면 2배가 되고, 공부 방법도 나누면 2배가 되는 거야."

"나누면 2배가 된다고? 거짓말, 나누면 경쟁자가 하나 더 생기는 거 아냐."

"얘 웃기네, 나를 경쟁자로 생각하네."

“아니, 나는 너를 경쟁자로 생각 안 해! 단지, 너보다는 높은 점수를 받아야 한다는 목표는 있어.”

“뭐! 뭐! 나보다는 높은 점수를 받아야 한다는 목표?”

“이 응큼한 놈, 같이 공부할 때는 언제고, 나보다 높은 점수를 받겠다고?”

“왜 안 되니? 너도 나보다 더 높은 점수를 받겠다는 목표를 세우면 되잖아.”

“그래, 좋아! 나도 이번 기말고사에서 최소한 너보다 높은 점수를 받을 거니까 너 이제부터 바짝 긴장해라!”

“좋아! 아주 좋아.”

“뭐가 좋다는 거야?”

“네가 나보다 높은 점수를 받겠다고 하니, 나도 지금보다 더 높은 점수를 받으려고 노력할 거다.”

“헐~”

“하하하!”

“진우야! 우리 이렇게 선의의 경쟁을 하다 보면, 둘 다 성적이 팍팍 오르겠는 걸!”

“그렇지. 아마 공부할 맛이 더 날거다.”

“그럴까?”

“당연하지!”

“아, 참! 진우야! 아까 그랬잖아, 또 하나의 방법이 있다고.”

"왜? 배우려고? 경쟁자에게는 비밀을 가르쳐주지 않는 법인데?"

"뭐야! 그러면 공정한 경쟁이 아니지."

"뭐가 공정한 경쟁이 아니라는 거야?"

"너만 좋은 방법을 알고 있고, 나는 그 방법을 모르면 그게 공정한 경쟁이야?"

"참, 어이가 없네!"

"알았어. 알려주기는 할께. 네가 음료수 하나 사."

"뭐, 까짓것 돈도 있는데 음료수 하나 정도라면 뭐."

두 사람은 나란히 계단을 내려와 정문 옆 모퉁이에 있는 자판기에서 음료 하나씩을 꺼내들고, 벤치에 앉았다.

"야! 바람이 시원하다. 불과 한 달 전만 해도 반팔을 입고, 이마에 땀이 송골송골 맺혔는데 금방 이렇게 찬바람이 불기 시작하네."

"야, 안 어울린다."

"뭐가 안 어울린다는 거야? 나는 말도 못하냐?"

"아니, 네가 꼭 아저씨 같은 말을 해서 그런 거야."

"그래? 나도 모르게 그냥 나온 말인데?"

"아, 참! 그거 빨리 알려줘."

"아까 내 사회 참고서 봤잖아."

"응!"

"나는 사회와 도덕, 기술·가정, 영어, 과학의 생물과 지구 과학 부분은 아까 본 사회처럼 오답을 다시 공부하는데, 수학과 국어, 과학의 물리와 화학 부분은 오답을 오린 후에 따로 노트에 붙여서 깊이 있게 공부하는 편이야."

"오답을 오린다고?"

"응!"

"오려서 어떻게 한다고?"

"따로 노트에 붙인다고."

"붙여서?"

"붙여 놓고, 그 문제에 대한 내용과 그 문제와 관련된 모든 내용을 그 주변에 적으면서 공부하는 것이지."

"틀리면 모두 다 오려서?"

"아니, 국어와 수학, 과학의 물리, 화학만 그렇게 한다니까."

"그래, 과목은 알겠는데, 틀리면 모든 문제를 오리냐고?"

"음, 오리는 편인데, 간단한 것은 그냥 적기도 해!"

"혹시 그거 지금 있어? 말만 들어가서는 정확하게 감이 안 와서 그래."

"응, 아마 있을 걸! 항상 가지고 다니는 편이니까."

"항상 가지고 다녔다고? 그런데 나는 왜 한 번도 본 적이 없지?"

"응, 여기서는 꺼낸 적이 없었어! 학교의 점심시간이나 쉬는 시간 등 자투리 시간에 한 번씩 봤거든, 여기서는 공부하기도 바빠서 오답을 정리하거나, 오답한 내용을 반복할 시간도 없었잖아!"

"하긴."

"빨리 마셔."

"갑자기 왜 그래?"

"나는 성질이 급해서 궁금한 것은 못 참아, 빨리 그 노트를 봐야겠다."

"알았어."

현성이의 재촉에 이끌려 진우는 다시 독서실로 들어섰다.

"빨리 줘봐."

"알았어, 알았다고."

노트를 건네받은 현성이는 한참 동안 오답이 붙여진 노트를 꼼꼼히 들여다보고 있다.

"다 봤어?"

"응."

"어때?"

"할 말이 없다."

"뭐가?"

"나는 공부를 끝내지 않고 시험을 봤다는 생각이 든다."

"갑자기 무슨 소리야!"

"공부가 100m 달리기라면, 나는 90m에서 멈추었던 것 같아."

"엥! 뭔 소리냐고."

"너의 오답 노트를 본 순간 너는 나보다 더 많은 시간동안 공부를 했다는 것을 알았어. 아니, 아니지! 그 시간이 중요한 것이 아니라, 너는 너의 약점, 즉 공부가 안 된 부분을 완벽하게 너의 지식으로 만들려고 노력했고, 또한 그 지식의 확장해서 문제가 응용되더라도 충분히 해결할 수 있게 오답을 통해 공부한 것 같아."

"도움이 됐어?"

"응. 많이 도움이 된 것 같아. 사실 조금 놀래기도 했어. 어쩌면 문제 풀이 실수로 인해서 성적이 많이 향상되지 못한 것이 아니라 오답을 깊이 있게 생각하지 않았기 때문에 그런 결과가 나온 것이라는 생각이 들기도 해."

"아이, 왜 그래!"

"아니야! 나도 열심히 한다고 했는데, 너의 노력을 보니 나는 아직 멀었다는 생각이 들어."

"지금부터 하면 되지."

"싫어. 하기 싫어. 이런 대접받고 너와 경쟁하기 싫어."

"이런 대접이라니?"

"왜 이제야 오답의 중요성을 알려주느냐고, 진작 알려주었으면 좋았잖아!"

"뭐야?"

"이번엔 제대로 경쟁이다. 지난 중간고사 때는 나에게 무기가 없었고,

너는 나보다 무기가 하나 많았기 때문에 네가 이겼던 거야. 알았지?"

"뭐야?"

"이제 공평하게 무기를 갖췄으니, 제대로 경쟁해보자. 너 각오해. 알았지?"

"알았어, 너나 열심히 해."

"좋아."

현성이는 문제 풀이가 단순히 풀고 채점하는 것이 아니라 자신의 공부에 있어서 부족하다고 생각되는 부분을 정확히 알려주는 것이라는 사실을 알게 되었고, 오답과 오답에 연관된 지식을 더 많이 공부하는 것이 성적 향상의 지름길이라는 것도 알게 되었다.

문제만 잘 풀어도 10점은 올린다

문제집 두세 권을 푸는 것보다 한 권을 야무지게 푸는 것이 낫다는 얘기가 있습니다. 사실 문제집의 내용을 들여다보면, 중심 유형들은 모두 같다는 것을 알 수 있고, 나머지 유형들도 중심 유형을 조금만 더 깊게 생각하거나 자신의 배경지식을 충분히 활용하면 얼마든지 해결할 수 있다는 사실도 알 수 있습니다.

하지만 초등학생의 경우 문제 풀이 과정과 풀이 후의 과정에 많은 문제점이 있습니다. 아무리 많은 공부를 하였다고 하더라도 문제를 잘못 읽거나 문제의 출제 의도와 다르게 생각하면 정답과는 거리가 멀어집니다. 그리고 문제를 풀고 난 후에는 반드시 채점을 해야 하는데, 풀이에만 급급한 나머지 채점을 하지 않는 학생들도 많이 있습니다. 이러한 학생들은 왜 문제 풀이를 했는지 의문이 들 정도입니다. 자신이 1시간 동안 100문제를 풀었다고 하더라도 채점을 하지 않으면, 그 1시간은 아무런 의미가 없다는 것입니다. 문제는 공부를 하기 위해 푸는 것이 아니라 자신이 공부한 내용을 잘 이해하고 정확하게 기억했는지를 점검하는 것입니다. 문제를 틀렸다는 것은 그 부분의 공부가 부족하다는 것을 알려주는 것이기 때문에 문제 풀이 후 채점은 본인이 직접 하는 것이 좋습니다. 그리고 틀린 문제와 관련된 내용에 대해 더 깊이 있게 공부하면, 더 좋은 성적을 거둘 수 있습니다.

첫째, 문제를 꼼꼼히 읽어야 합니다. 대부분의 학생들은 시험이 끝난 후 '이건 아는 문제였는데!' 라는 얘기를 많이 합니다. 아는 문제라면 왜 틀린 것일까요? 문제를 제대로 읽지 않고 대충 풀었기 때문입니다. 그렇기 때문에 평소에 문제를 풀 때에도 꼼꼼하게 읽는 습관이 중요하며, 문제의 방향을 결정하는 '옳은', '아닌', '다른', '모두', '2개', '전부'라는 단어에 항상 표시를 하면서 읽는 습관을 들여야 한다는 것입니다.

2012학년도 서울대학교 의과대학은 396~398점(원점수 400점 만점 기준)이면 합격할 수 있었습니다. 그런데 자신의 점수는 395점이며, 한 문제를 정확히 알고도 실수로 틀렸다고 하면 어떤 기분이 들까요? 자신의 꿈을 향해 열심히 노력해서 서울대학교 의과대학에 진학하려고 했지만, 문제 풀이 실수로 합격하지 못했다면 얼마나 마음이 아플까요? 한 문제 때문에 원하는 대학에 입학하지 못하고 다른 대학에 입학하거나 재수를 해야 할 수도 있습니다.

문제 풀이 실수가 습관이 되어 있는 학생들이 많습니다. 그렇기 때문에 평소에 문제를 풀 때에도 꼼꼼하게 읽고 실수를 처음부터 하지 않으려고 노력해야 합니다.

둘째, 문제를 끝까지 읽어야 합니다. 성급한 마음에서 그런 것인지, 알고 있다는 생각 때문에 그런 것인지는 몰라도 문제를 끝까지 읽지 않는 학생들이 많습니다. 이러한 성향은 문제를 많이 풀어보았던 아이들에게서 나타나는데, 문제를 읽는 순간 자신이 풀어보았던 문제라고 착각을 해서 문제를 풀기 때문에 문제를 틀리는 것입니다.

자! 그럼 아래의 문제를 하나 풀어보세요.

> (1) 다음 중 우리나라 도시에 대한 설명 중 맞는 것은?
> ① 제주도의 중앙에는 지리산이 있다.
> ② 부산은 해운대 해수욕장이 유명하며, 섬이다.
> ③ 인천에는 김포공항이 있다.
> ④ 우리나라 수도는 서울이다.

정답은 ④번입니다. 문제가 너무 쉬웠죠? 하지만 아마 틀린 사람도 있을 것입니다. 이 문제는 충분히 여러분들이 알 수 있는 내용이기 때문에 실수를 하지 않을 수도 있지만, 문제가 좀 더 어려웠다면 더 많은 학생들이 실수를 했을 것입니다.

문제 ②번이 함정입니다. '부산은 해운대 해수욕장'이라는 누구나 알고 있는 사실을 앞부분에 두고 있습니다. 그러기 때문에 문제를 끝까지 읽지 않은 학생들은 성급하게 '이게 답이다'라고 생각하게 됩니다. 그렇지만 뒤에 단 한 글자, 한 단어만을 바꿔서 함정에 빠뜨리는 것입니다. 그리고 이 답을 선택한 학생들은 바로 답이다라고 확신하고 ③번, ④번을 읽지 않고 다음 문제 풀이로 넘어가버리기 때문에 문제를 틀리게 됩니다. 그렇기 때문에 문제는 끝까지 꼼꼼히 읽어야 하며, 정말 복잡한 문제일 경우 답이 아닌 것부터 골라내면서 문제를 해결하면, 오답 확률을 줄일 수 있습니다.

셋째, 단기 목표를 가지고 풀어야 합니다. 일단 한 단원의 문제를 풀기 시작했다면 끝까지 풀고 나서 채점을 한 후 자리를 이동하거나 쉬어야 하는데, 풀이 도중에 자리를 이동하거나 잠시 쉬는 학생들이 많습니다. 이러한 습관은 그동안 공부한 지식의 연결이 끊어지게 되고, 문제 풀이의 시간이 오래 걸립니다. 이러한 학생들이 모든 문제를 풀 때 단기 목표를 가지면 문제 풀이 시간도 단축할 수 있고, 집중력과 공부한 지식이 계속해서 연결, 유지되기 때문에 공부의 질이 높아집니다.

예를 들어 설명해보겠습니다. A 학생은 수학 20문제를 풀겠다는 생각으로 문제를 풀기 시작했고, B 학생은 수학 20문제를 20분 안에 풀겠다는 생각으로 문제를 풀기 시작했습니다. 과연 어떠한 학생이 문제를 더 빨리, 더 정확하게 풀었을까요? 당연히 B 학생일 것입니다. A 학생은 단순히 수학 20문제를 풀어야겠다고 생각했으므로 중간에 이동하는 경우도 생길 것이며, 한 문제가 얼마를 걸리든 상관없이 문제 풀이의 속도가 느릴 것이지만, B 학생은 20분이라는 제한된 시간이 있기 때문에 더 많이 집중하고, 더 열심히 문제를 풀 것입니다. 이러한 긴박함 속에서 평소 많은 문제를 풀었던 학생은 중요한 시험을 볼 때 떨리거나 긴장감이 훨씬 덜할 것입니다.

그렇기 때문에 평소 문제를 풀 때 문항수를 세어보고 나서 마지막 문항에 자신이 얼마의 시간 동안에 문제를 풀겠다는 단기 목표를 적은 후 문제를 푸는 습관을 들이도록 해야 합니다.

단기적인 목표를 설정하는 데는 10초면 충분합니다. 이 적은 시간만 투자하면 문제 풀이의 속도가 빨라질 뿐만 아니라 문제 풀이 시의 실수도 줄일 수 있습니다.

넷째, 채점은 반드시 본인이 직접 해야 합니다. 초등학생의 경우 문제만 풀고 채점은 엄마가 해주는 경우가 많은데, 이 경우에도 본인이 직접 하는 것이 좋습니다. 문제도 풀기 힘든데 채점까지 해야 한다고 하면 짜증이 날 수도 있지만, 중·고등학교에 가면 공부를 잘하든, 못하든 채점은 모두 본인이 해야 하므로 초등학교 때부터 본인이 채점하는 습관을 들여야 합니다. 엄마가 채점을 하면 편하지만, 그 문제가 왜 틀렸는지 생각할 수 있는 기회가 줄어듭니다. 본인이 직접 채점을 하면, 맞은 문제이든, 틀린 문제이든 한 번 더 읽게 되므로 더 오랫동안 기억할 수 있다는 것입니다.

다섯째, 문제를 풀고 나서 채점도 하지 않은 학생들도 문제지만, 채점을 해 놓고 오답 문제를 중요하게 생각하지 않은 학생이 더 큰 문제입니다. 문제를 푸는 것은 지금까지 자신이 공부한 내용을 점검하는 과정이기도 하지만, 자신이 정확하게 이해·기억하는 부분과 부족한 부분을 확인하는 과정이기도 합니다.

그렇기 때문에 정답보다는 오답을 더 중요하게 생각하고 잘못 생각한 개념은 없는지, 정확하게 알고 있는 지식인지 다시 한 번 점검하는 시간을 가져야 합니다. 오답은 여러분들이 공부한 범위에서 부족한 부분을 정확히 알려주는 역할을 합니다.

한 단원의 문제가 50문제이고, 그 중 5개의 오답이 나왔으며, 4개의 단원에서 출제된다고 가정하면, 결국 오답 문제는 20개라는 것입니다. 오답이 몇 개 되지 않는다고 해서 그냥 넘어가면 안 됩니다. 처음에는 몇 개 안 되지만 단원이 많아질수록 오답의 개수는 점점 많아지고, 결국 중요한 시험까지 망치게 된다는 사실을 명심하기 바랍니다.

공부를 하면서 얻는 지식들이 우리의 뇌에 들어오면, 시골길처럼 복잡하게 저장됩니다. 문제 풀이는 복잡하게 얽혀 있는 시골길을 고속도로와 같이 빠르고 정확하게 알 수 있도록 만들어 주는 역할을 합니다. 고속도로와 같이 빠르고 편안한 길을 달려서 목표를 이루고 싶은 학생들이라면, 앞에서 설명한 내용을 숙지하고 활용하면서 자신의 문제 풀이 방법에 변화를 주어야 합니다.

Theme

6

기억의 천재인 선미의 장기 기억

기말고사가 일주일 후로 다가왔다. 많은 아이들이 그동안 기말고사를 준비하면서 이제 체력도 거의 바닥이 났고, 2~3주 동안 계속해서 기말고사 준비를 했기 때문에 신경도 많이 날카로운 상태다.

방과 후 하교를 하는 아이들의 모습이 예전과 달리 밝지만은 않다. 이미 시험을 포기한 아이들은 항상 같은 얼굴이지만, 전 시험보다 성적을 올리기 위해 노력한 아이들은 많이 지치고 피곤해 보인다.

오늘 아침, 선미네 반은 기말고사를 앞두고 쪽지 시험을 보았다. 말이 쪽지 시험일 뿐 수행평가에 반영되는 것이기 때문에 0.1점을 가지고 등수를 다투는 아이들은 민감하게 반응할 수밖에 없다.

수민이가 교실을 나서는 선미를 부른다.

"선미야, 선미야!"

"왜 창피하게 그렇게 크게 불러. 무슨 일 있는 거야?"

"아니, 무슨 일은 아니고, 그냥."

"쪽지 시험 결과가 궁금해서 그러는 거구나?"

"아니 뭐……."

선미와 수민이는 반에서도 1등을 두고 선의의 경쟁을 하는 사이이며, 함께 전교 5등 안에 속해 있기 때문에 수민이는 선미의 성적이 많이 궁금한 모양이다.

"음! 조금 어렵다고 생각했는데, 거의 다 맞은 것 같아!"

"다 맞았다고? 난 어렵기만 하던데?"

"난이도는 조금 높았는데 그리 어렵지는 않은 것 같아. 깊이 있는 생각에 대한 문제가 아니라 단순한 기억에 대한 시험이었잖아."

"맞기는 한데, 난 기억하는 것이 조금 어려워."

"기억하는 것이 어렵다고? 너 혹시 초등학교 때 학원 많이 다녔지? 혼자 공부하기보다는 학원 수업으로 공부했지?"

"…….."

"맞구나!"

"근데, 왜 물어보는 건데?"

"그동안 살펴보니까 학원을 많이 다니던 아이들보다 혼자서 공부한 아이들이 기억력이 좋은 것 같아서 물어보는 거야."

"뭐, 그런 게 어디 있냐?"

"내 생각에 그렇다는 거야! 수업만 듣던 아이들보다 혼자서 공부했던 아이들은 대개 자기만의 기억 방법들이 있더라고, 그래서 그런 거야!"

"뭐? 기억하는 방법이 있다고? 난 맨날 깜지 쓰듯이 쓰고, 또 쓰고, 그렇게 기억하는 데도 잘 안 되던데."

"그래서 잘 안 되는 거야! 기억하는 것에도 방법이 있고, 그 방법을 적용하면 더 빨리, 쉽게, 오랫동안 기억할 수 있어."

"그런 것도 있었구나."

"넌 좋겠다. 그런 능력도 있고. 난 오늘도 달달달 힘들게 외워야겠다."

"뭐, 그래도 잘 외우잖아!"

"말도 마! 얼마나 힘든데! 이놈의 시험, 빨리 끝나야지."

드디어 기말고사가 끝나고 오늘은 방학을 하는 날이다. 한동안 학교를 오지 않아도 된다는 것 때문에 마음은 하늘을 날아갈 듯한데, 마음 한구석에는 성적이 걱정되는 아이들이 많은지 교문을 나서는 아이들의 얼굴이 밝지 않다.

"선미야, 선미야!"

어디선가 자신을 부르는 소리가 들려 선미는 뒤를 돌아본다.

"아이, 왜 넌 맨날 내 이름을 그렇게 크게 부르니?"

"으응! 네가 좋아서! 그리고 축하해!"

"너는?"

"응, 난 이제 방학 때 죽었어. 분명히 엄마가 학원을 더 늘릴 것 같아."

"어땠는데?"

"반 3등, 전체 21등, 심했지!"

"그럼, 은슬이가 2등인거야?"

"슬프게도 그런 것 같아!"

"……."

"그래서 나 부탁이 있어!"

"부탁? 너처럼 자존심이 높으신 분이 나에게 웬 부탁?"

"응, 자존심 다운하고 말하는 거야."

"뭔데?"

"나 시험 끝나고 곰곰이 생각해보았는데, 네가 전에 말했던 기억하는 방법 있잖아."

"응."

"나, 그 방법 좀 알려주라."

"기억 방법을?"

"응."

"그런 거 없어. 나도 그냥 달달달 외우는 거야. 그런 방법 있으면 나한테도 알려줘."

"뭐라고? 나 자존심 다운하고 물어보는데, 너 정말 그러기야?"

선미의 장난에 수민이가 조금은 화가 났는지, 선미의 가방을 위에서 아래로 누르면서 간지럼을 태우고 있다.

"알았어, 알았으니까 그만해!"

"히히, 진작 그럴 것이지."

"내일은 학교에 가지 않으니까, 오전에 우리 집에서 만나."

"고마워, 친구!"

수민이는 내일 선미에게 기억하는 방법을 배울 수 있다는 생각에 기분은 좋지만, 집으로 향하는 머릿속에는 온통 성적 생각만 가득하다.

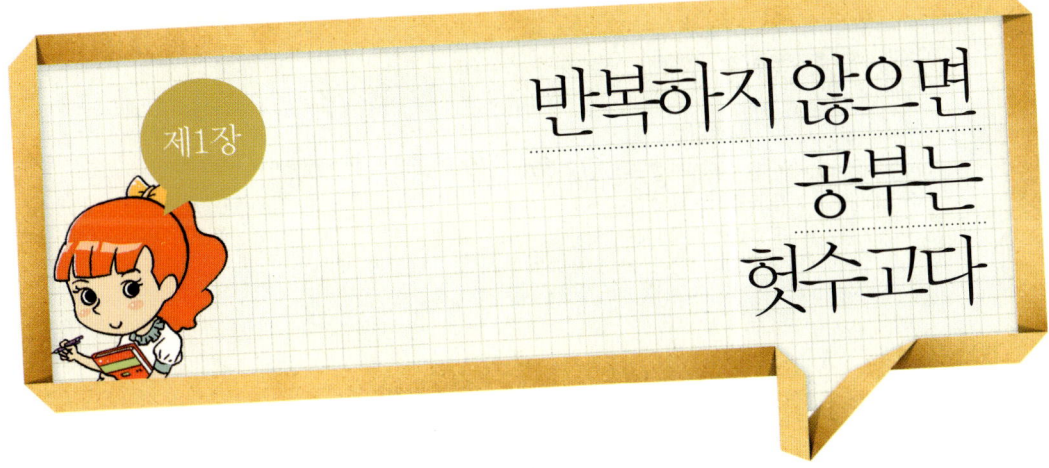

제1장

반복하지 않으면 공부는 헛수고다

"딩 동!"
어제의 약속 때문에 아침 일찍 수민이가 찾아왔다. 손에는 작은 가방을 들려 있고, 교복이 아닌 사복을 입고 있어서 그런지 오늘따라 무척 예뻐 보였다.

"오! 옷이 예쁜데!"
"뭐, 이 정도쯤이야!"
"야! 맨날 교복과 체육복 입은 모습만 보다가 이렇게 사복 입은 모습을 보니 더 예쁜 걸!"
"에이, 놀리지 마!"

"엄마, 아빠는 안 계셔?"

"응, 아빠는 출근하셨고, 엄마는 너 온다고 해서 자리도 피해줄 겸 운동하고 오신다고 방금 전에 나가셨어."

"그럼, 집에 우리 둘 뿐이야?"

"아니, 늦잠꾸러기 동생은 아직도 꿈나라야."

"그래."

선미의 방에 들어선 수민이는 방의 온 벽에 붙여져 있는 종이들을 보고 깜짝 놀란다.

"선미야! 이게 다 뭐니?"

"왜! 공주처럼 예쁠 줄 알았던 방이 아니라서 실망한 거니?"

"아니, 그게 아니고. 뭘 이렇게 많이 붙여 놓은 거야, 지저분하게."

"어쩌면 지저분하게 보일 수도 있지만, 이렇게 해 놓지 않으면 공부가 감당이 안 돼서 그래."

"감당이 안 된다니, 너 기억력 좋잖아?"

"나는 내 스스로 머리가 좋다고 생각하지 않아. 그래서 이렇게 내가 공부한 흔적들을 벽에 붙여 놓고 자주 들여다보면서 반복 학습을 하는 거야."

"이렇게 한다고 효과 있어? 어지럽지 않아?"

"응, 분명 효과는 있는 것 같아. 공부한 내용을 벽에 붙여 놓고 지나가다 한 번 보고, 머리 만지다 한 번 보고, 오고 가면서 자주 쳐다보면 잊어버

리지 않고 더 선명하게 기억되는 것 같아. 그리고 또 새로운 지식이 추가되면 또 적어서 붙이고……"

"그렇구나. 나는 한 번에 외우고 또 외우는데, 너는 이렇게 반복해서 공부하는구나."

"어차피 한 번 기억한 것은 시간이 지나면 잊어버려. 천재가 아닌 이상 이렇게 벽에 붙여 놓고 자꾸 보는 것이 기억을 오래 유지하는 방법인 것 같아."

"그러고 보니 너도 머리가 천재는 아니구나."

"안심이다."

"뭐라고?"

알고 있는 지식과 연결해야 한다

제2장

방의 구석구석을 쳐다보면서 계속 감탄하던 수민이는 반짝 공부 방식
으로 외우기만 했던 공부에서, 공부하면서 필기하고 그 필기한 내
용을 지속적으로 보면서 공부를 해야겠다는 생각이 들었다.

"아무튼 대단하다."

"뭘, 이 정도 가지고. 그냥 순간순간 편하게 공부하려고 하는 거지."

"그런데, 선미야."

"응?"

"이렇게 붙여 놓거나 노트를 반복해서 보아도 잘 외워지지 않는 것도 있
지 않니?"

"당연히 있지. 이렇게 반복해서 공부하면 한 80% 이상은 대부분 기억되는데, 한 20% 정도는 기억하려고 노력하는 시간이 필요해!"

"그래, 그렇지! 나는 그게 문제야. 아무리 달달달 외워도 그때뿐이지, 돌아서면 금방 잊어버려, 그래서 짜증이 나!"

"그렇지, 외웠는데 잊어버리면 짜증나지. 나도 그런 적 많아. 스트레스를 받지 말고 이제부터 내가 하는 말 잘 들어. 그리고 너에게 맞는다면 공부하면서 잘 적용해봐! 알았지?"

"네! 선생님."

그러면서 선미는 장수풍뎅이에 관한 얘기가 가득한 종이 한 장을 수민이에게 건넨다. 종이를 받아든 수민이는 제목을 보고서는 선미를 쳐다본다.

"이걸 왜 준거야?"

"응, 한번 읽어보고 기억해보라고 준거야. 네가 어떻게 기억하는지 알아야 나도 설명해주지."

"안 되는데?"

"뭐가 안 된다는 거야?"

"야! 이렇게 노골적으로 물어보면, 내 기억력이 나쁘다는 것이 탄로가 나잖아!"

"잔말 말고 빨리 해봐."

"알았어."

그러면서 장수풍뎅이에 관한 내용을 읽고 또 읽고, 기억하려고 하는지 방 천장도 한 번 쳐다보면서 중얼중얼 열심히 외우고 있다. 이러한 자신의 모습이 웃긴지 선미를 쳐다보면서 멋쩍은 미소를 짓기도 하고, 아무튼 최대한 열심히 기억하려고 노력하고 있다.

　　"됐어?"

　　"응, 거의 된 것 같아."

　　"그래, 그럼 장수풍뎅이에 관해서 얘기해봐!"

　　"뭐? 얘기를 해보라고?"

　　"응, 왜 아직 기억을 못했어?"

　　"아니, 그건 아니고……"

　　"빨리 해보라니까."

　　"알았어, 알았다고. 계집애 성질하고는."

　　선미의 계속되는 추궁에 수민이는 한 마디씩 장수풍뎅이에 관해서 얘기를 한다. 하지만 자신이 없는지 말이 멈추는가 하면, 말을 잊지 못하고 머리만 긁적인다.

　　"다 했어!"

　　"내 기억력이 나쁘다는 것을 아니까 좋냐?"

　　"아니, 하나도 안 좋은데? 오히려 겁이 나는데?"

"뭐가 겁이 나냐, 너 지금 나 놀리는 거야?"

"놀리는 것이 아니라, 나도 네가 기억하는 것처럼 기억했다면 아마도 너보다 더 기억하지 못했을 것 같아서…….."

"그건 무슨 소리야?"

"너는 기억력이 나쁘지 않은 것 같아. 다만 기억하는 방법에 약간 문제가 있는 것 같아!"

"방법이 문제라고?"

"응, 방법이."

"뭐가 문젠데?"

"너는 네가 이미 알고 있는 지식을 기억하는 과정에서 잘 활용하지 않는 것 같아!"

"……."

"너 작년엔가 장수풍뎅이를 키운다고 하지 않았어?"

"응, 작년에 키웠지. 아니 지금도 키우고 있지."

"그럼 네가 장수풍뎅이를 키우면서 장수풍뎅이의 모습과 생활 그리고 좋아하는 먹이, 그리고 환경에 대해서 나보다 더 잘 알고 있잖아."

"그야, 뭐 그렇겠지."

"그런데 너는 네가 장수풍뎅이를 키우면서 알게 된 지식을 지금 기억하는 과정에서 전혀 연결하지 않았어."

"무슨 말인지 잘 모르겠어."

"잘 들어봐. 네가 이미 알고 있는 지식이 있어, 책을 통해 얻은 지식이

든, 경험을 통해 얻은 지식이든 아무튼 너에게는 많은 배경지식들이 있을 거야, 그 지식들을 새로운 지식을 기억할 때 서로 연결시키는 거야!"

"연결이라고?"

"응, 다시 한 번 해봐! 네가 장수풍뎅이를 키우면서 알게 된 지식들을 먼저 머릿속에 떠올려봐! 떠올렸어?"

"응."

"많은 내용들이 떠오르지?"

"응."

"자, 그렇다면 이번에 다시 이 종이에 적힌 장수풍뎅이의 얘기를 읽어보고 지금 떠올린 지식들과 연결시켜봐."

얼마의 시간이 지나지 않아, 수민이가 종이를 내려놓고 선미를 쳐다보고 있다.

"왜?"
"놀라워. 정말 쉽게 기억이 되네."
"그렇지?"
"응, 편하게 읽어지기도 하고 기억도 잘되는데?"
"그래, 그렇게 기억하는 거야, 무조건 생각하지 않고 달달달 외우는 것은 잘 기억도 안 되고, 설사 기억이 된다고 해도 쉽게 잊어버려."
"아, 그렇구나. 그러고 보니 나도 기억력이 꽤 좋은 것 같은데."
"뭐라고?"
"하하하."

제3장

분류하면서 기억해라

수민이는 하나씩 기억하는 방법들을 익히는 것이 너무 좋은지 계속해서 웃고 또 웃으면서 즐거워하고 있다.

"뭐가 그리 좋은 거야!"

"내가 기억을 잘하지 못해서 그동안 엄마에게 얼마나 구박을 당했는데, 너 같이 공부 잘하는 아이는 내 심정을 잘 모를 거다."

"뭐가, 그 정도면 너도 공부를 잘하는 거지."

"뭐야. 너보다 못하잖아."

"뭐가 못해, 그 정도면 잘하는 거지, 나도 가끔 공부가 안 될 때는 너를 생각하기도 해!"

"뭐? 나를?"

"넌, 나의 선의의 경쟁자이거든."

"엥?"

"네가 공부가 잘 안 되고 힘들 때, 네가 열심히 공부하고 있는 모습을 생각하면, 정신이 번쩍 들고 공부를 다시 열심히 하게 되더라."

"뭐야?"

"암튼 고마워."

"뭐가 고맙다는 건지. 그런데 또 다른 것 없을까?"

"뭐?"

"기억하는 좋은 방법, 또는 잘 기억되게 하는 방법."

"음."

한참을 생각하던 선미는 연습장에 20개의 단어를 적더니, 수민이에게 내민다. 연습장에 20개의 단어를 들여다보던 수민이가 말했다.

"지금 이걸 나보고 기억해보라는 거니?"

"응, 기억해봐."

"아이, 참. 왜 그래. 이걸 언제 기억하냐! 그렇잖아도 오늘 해야 할 공부가 많아서 머리를 많이 쓰면 안 되는데!"

"빨리 해봐."

"왜, 해야 하는 건데?"

"너, 잘 기억하는 방법을 배우고 싶다면서?"

"으응, 알았어, 알았다니까. 계집애 성질 급하기는."

별로 내키지는 않지만 수민이를 받아든 연습장을 계속 읽어보면서 중얼
거리기도 하고, 고개를 갸우뚱거리면서 기억하는 데 열중하고 있다.

"다 기억했어?"

"으응, 그런 것 같아."

"그럼, 여기에 기억한 단어들을 다시 적어봐!"

"여기에?"

대답을 한 후 수민이는 자신이 기억한 단어들을 하나씩 적어본다. 한참
을 생각하던 수민이는 더 이상 적을 수 없는지 멋쩍은 모습으로 선미에게
연습장을 건넨다.

연습장을 받아든 선미는 내용을 천천히 훑어보더니 무엇인가 알겠다는
표정으로 묘한 미소를 짓는다.

"왜 그래! 다 기억 못해서 그런 거니?"

"아니, 그런 것은 아니야! 11개를 기억했으니 보통 이상의 기억력은 가
지고 있는 걸."

"오우, 그래 역시 난 아직 살아 있어."

"기억력은 괜찮은데 기억하는 과정에 문제가 좀 있는 것 같아."

"문제가 있다고?"

"응, 너는 모든 것을 기억할 때, 어떻게 기억하면 좀 더 잘 기억할 수 있을

것인지를 전혀 생각하지 않고, 적혀 있는 대로만 빨리 기억하려는 것 같아."

"뭐, 다들 그렇지 않니?"

"그럴 수도 있지만, 난 조금 다르게 기억해."

"그래, 어떻게?"

"잘 봐! 여기 콜라, 오렌지 주스, 식혜는 음료잖아. 그리고 사과, 망고, 파인애플은 과일이고, 이순신, 강감찬, 을지문덕, 문익점은 위인이고, 딱풀, 삼각자, 연습장은 학용품이잖아."

"응, 그런데?"

"그런데는 뭐가 그런데야! 잘 들어, 네가 쓴 연습장을 봐. 딱풀, 강감찬, 삼각자, 을지문덕, 연습장, 문익점……. 뭔가 복잡하지 않니?"

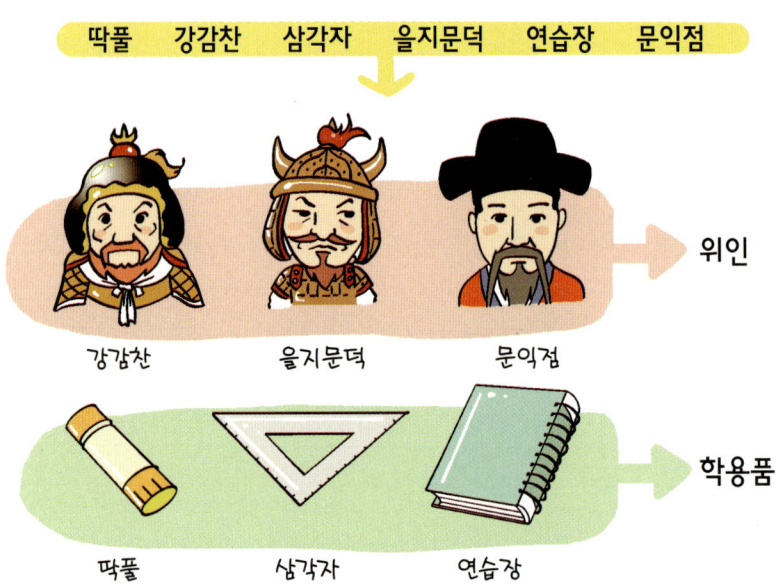

"그러네!"

"이렇게 적은 이유는 네가 분류하지 않고, 달달달 외웠다는 거야."

"분류?"

"응, 분류! 같거나 비슷한 것끼리 외우면 훨씬 기억이 잘되는 거야. 단어가 아무리 섞여 있더라도 어떻게 기억할까를 조금만 고민하고 같거나 비슷한 단어끼리 조금만 분류해서 기억했다면 훨씬 더 잘 기억할 수 있을 거야!"

"아하! 그렇구나. 다시 한 번 해볼게."

"그래."

연습장을 다시 받아든 수민이는 잠깐 동안 다시 한 번 읽어보기도 하고, 손가락으로 가리키기도 하면서 기억을 하려고 애쓰고 있다. 그리고 잠시 후 환한 웃음을 지으면서, 연습장에 기억한 단어들을 차례차례 적어본다. 물론 분류해서 기억했기 때문에, 적혀진 내용도 분류해서 적혀 있다.

"어때?"

"응, 너무 좋아! 그냥 막 외웠을 때는 뭔가 복잡하고, 다 외운 것 같기도 하고, 덜 외운 것 같기도 했는데, 이렇게 분류해서 기억하니까 더 확실하게 기억되고 쉽게 쓸 수 있었던 것 같아!"

"그것 봐, 좋지?"

"응, 너무 좋은 것 같아! 진작 이렇게 할 걸……."

"이제 알았으면 됐어."

자신만의 기억 방법을 만들어라

　수민이는 그동안 너무 단순하게 공부했다는 생각이 가득하다. 공부할 내용을 완전히 이해하고, 조금만 더 고민하면서 기억하는 과정을 거쳤다면, 지금보다 더 쉽게 공부하고도 더 좋은 성적을 받았을 것 같다는 생각이 든다.

"선미야, 뭐 또 없어?"

"뭐?"

"아니, 기억하는 방법말이야!"

"아! 기억하는 방법."

"응."

"사실, 기억하는 방법의 종류는 너무 많아, 어쩌면 네가 기억하려고, 깜지를 쓰면서 외우는 방법도 기억하는 방법일 거야!"

"뭐! 그것도 기억하는 방법이라고?"

"그렇다니까."

"내 참, 그게 뭐 기억하는 방법이냐!"

"아냐, 기억하는 모든 활동이 기억하는 방법이고, 그 방법의 효과에 따라 좋고 나쁨을 따질 뿐이지, 우리가 기억하는 모든 방법은 다 기억하는 방법일 거야!"

"응, 그렇기도 하겠다. 그럼 이제 더 없는 거야?"

"많지! 아주 많아, 하지만 나에게 좋은 방법이라고 해서 모두 너에게 좋은 방법은 아닐 수 있어."

"그건 무슨 소리야?"

"즉, 내가 사용하는 방법들이 모두 다 너에게 좋지 않을 수도 있다는 것이지. 너의 지식과 나의 지식이 다르고, 그동안 공부했던 과정이 다르고, 뇌의 활용과 발달이 다르기 때문에 내 방법이 다 너에게 좋은 것은 아닐 수도 있다는 거야."

"야, 웃기지 마라. 나에게 알려주기 싫어서 일부러 그러는 거지? 치사하다."

"뭐라고! 너에게 알려주기 싫었다면, 처음부터 집으로 오라는 소리는 안 했을 거야! 그렇게 말하면 섭섭한데?"

"아니, 뭐 말이 그렇다는 거지."

"잘 들어 오해하지 말고, 이건 내가 경험했기 때문이야. 우리 오빠는 기억을 할 때, 어려운 단어를 아주 쉬운 단어나 이미 알고 있는 비슷한 단어로 바꿔서 기억을 하거든, 그래서 나도 한번 따라 해보았는데, 나는 그냥 외우면 외웠지, 말을 바꾸는 과정이 더 어렵더라고. 그래서 그 방법을 포기하고 나의 방법대로 그냥 기억하고 있어."

"아, 그렇구나!"

"그러니까 내가 활용하는 방법들이 전부 다 너에게 좋은 방법은 아니야! 책에 나오는 공부 방법들이 모두 나에게 어울리는 방법들은 아니잖아!"

"맞다."

"그러니까 너에게 맞는 방법을 찾아야 해."

"나에게 맞는 방법을 찾아라!"

"응."

수민이는 잠이 말을 멈추고 깊은 생각에 빠져든다. 지금까지 기억하는 방법들을 배웠는데, 그리고 더 좋은 방법들을 배울 수 있다고 생각했는데 이제는 나에게 맞는 방법들을 찾으라는 말을 듣고 다시 수렁에 빠진 느낌이다.

"왜 그래?"

"아니, 그냥 막막해서."

"뭐가 막막해, 걱정하지 마."

"어떻게 해야 될지 하나도 모르겠어."

"자, 알려줄게. 너무 거창하게 생각하지 말고 아주 간단하게 생각해."

"……."

"자, 이제부터 공부를 할 때 무조건 외우겠다는 생각은 버려. 그리고 완벽하게 이해한 후에 기억을 하도록 해."

"그러니까 그 기억이 문제라고."

"나도 처음부터 잘했겠니? 누구나 약간의 시행착오와 노력이 있어야지 어떻게 처음부터 잘하겠냐."

"알았어. 그 다음은?"

"다음은 기억하는 것인데, 여기서 예전처럼 무조건 달달달 외우겠다는 생각은 버리고 기억해야 할 학습 내용을 어떻게 하면 더 쉽게 기억할 수 있을 것인지를 생각해본 후에 기억하는 거야."

"외우기도 바쁜데, 생각을 하라고? 만약에 생각이 안 나면 어떻게 하냐?"

"뭐, 좋은 방법이 없으면 예전처럼 기억하면 되고, 또 좋은 방법이 생각나면 그 방법을 통해 기억하면 되지. 이러한 공부를 계속해서 하다 보면 자연스럽게 너만의 기억하는 방법이 만들어지고, 한 번 만들어진 기억 방법은 너만의 방법으로 네가 공부하는 동안 계속해서 사용할 수 있는 방법이 만들어지는 거야."

"아하! 그럴 수도 있겠다."

"뭐라고? 그럴 수도 있겠다고? 그럴 수가 있는 것이 아니라 그런 거야!"

"그런가?"

기존의 방법도 공부하며   자신의 방법으로

"그렇게 해서 나보다 더 좋은 기억 방법들이 만들어지면, 나에게도 좀 알려주고."

"뭐, 너에게 알려주라고? 싫다. 사람은 다 자기만의 방법이 있는 거야. 나에게 좋은 방법이라고 해서, 너에게 좋은 방법이 아닐 수도 있는 거야."

"뭐라고?"

"하하하."

선미와 수민이는 신이 난 모양이다. 선미와 즐거운 시간을 보내고 집으로 돌아오는 수민이의 마음은 희망으로 가득 차 있다. 그동안 자신의 기억력이 나쁘다고 생각하고 있었는데, 기억력보다는 기억하는 방법의 문제라는 것을 깨달았기 때문이다.

　오늘 선미에게 많은 것을 배웠지만 선미보다 더 좋은 방법들을 만들어야겠다는 다짐을 해본다.

자신만의 기억 방법은 공부의 비밀병기와 같다

요즘 많은 학생들의 문제점은 너무 기억만 하려고 한다는 것입니다. 기억해야 할 내용에 대해서 이해하려고 하는 노력은 하지 않고 무조건 주입식으로 외우려고만 한다는 것이 가장 큰 문제라는 것입니다.

이번 멘토링은 기억에 관련된 내용이지만 기억보다 더 중요한 것이 있기 때문에 다시 한 번 얘기하겠습니다. 기억을 잘하기 위해서는 얼마만큼 이해하는지, 자신의 지식과 얼마만큼 잘 연결하는지가 중요합니다.

공부를 제법 잘해서 명문대에 진학한 학생들은 내용을 이해하기 위해 많은 노력을 기울입니다. 하지만 공부를 잘하지 못하는 학생은 이해보다는 암기를 하려고 합니다. 단순 암기는 장기 기억을 할 수 없고, 출제 난이도를 약간만 조절해도 문제를 쉽게 틀립니다. 암기 위주의 학습을 하는 학생들이 자신의 머리가 나쁘다고 생각하는 것은 바로 이 때문입니다. 본격적인 기억에 대한 내용을 다루기 이전에 반드시 여러분들은 공부를 할 때 80%는 이해하는 데 목적을 두고, 나머지 20% 정도는 기억하는 데 목적을 둔다면 여러분의 공부는 노력 이상의 결과를 얻을 수 있습니다.

이번에는 본격적인 기억 과정에 대해 알아보겠습니다.

첫째, 반복입니다. '머리가 똑똑한 아이가 한 번 보는 것보다는 머리가 똑똑하지는 않지만 여러 번 본 아이가 성적이 좋다!'라는 말이 있습니다. 이 말은 무엇을 의미하는 것일까요? 우리의 기억은 지금 100%를 기억했다고 하더라도 일정한 시간이 지나면 조금씩 사라집니다. 한 달 정도의 시간이 지나면, 21% 정도의 기억만 남습니다.

요즘 다이어트에 관심이 많은데, 여러분들이 음식 칼로리표를 3시간에 걸쳐서 전부 암기했다고 가정해보겠습니다. 그런 다음, 한 달 동안 음식 칼로리표에 전혀 관심을 두지 않으면, 3시간에 걸쳐 기억한 내용은 전부 사라집니다. 하지만 3시간에 걸쳐 기억한 후 음식을 볼 때마다 몇 칼로리인지 생각해보거나 반복해서 칼로리표를 들여다보았다면 아마 한 달이 지나도 대부분의 내용을 정확히 기억할 것입니다.

문제는 반복입니다. 똑같이 공부했지만 반복하지 않은 학생은 힘들게 기억한 내용을 쉽게 잊어버리지만, 반복했던 학생은 그 기억을 오랫동안 유지할 수 있습니다. 반복 학습은 어렵지 않습니다. 이미 기억된 학습 내용이기 때문에 내가 잊어버린 것이 없는지, 내가 정확하게 알고 있는지 잠깐 들여다보거나, 생각하거나, 다른 학습물과 연관시켜주기만 하면 되는 것입니다.

칼로리표를 3시간에 걸쳐 기억했더라도 반복은 단 1분의 시간이면 충분합니다. 단 1분의 시간만 투자하면 더 오랫동안 기억할 수 있는데, 그 1분을 투자하지 못해 한 달 후에 다시 3시간 동안 칼로리표를 다시 기억해야 하는 것은 시간 낭비입니다. 머리가 좋다, 나쁘다보다 더 중요한 것은 '얼마만큼 반복하느냐'입니다.

둘째, 무조건 암기하려고 하지 말라는 것입니다. 요즘의 대부분의 학생들이 암기에만 목적을 두고 공부하는 경향이 있는데, 단순히 암기만해서는 머지 않아 한계에 이르게 되며, 많은 내용을 깊이 있게 기억해야 하는 특히 고등학교 때는 매우 힘들다는 것입니다.

기억을 쉽게 하려면 기존의 자신의 지식과 잘 연결해야 합니다. 기억해야 할 학습 내용은 태평양 한가운데에 떠 있는 섬처럼 독립적으로 저장하지 말고, 나무 뿌리나 나뭇가지처럼 기존의 지식과 연결시켜서 기억을 해야 합니다.

얼마 전 우연히 초등학교 5학년 학생이 과학 과목을 공부하고 있는 모습을 보았습니다. 이 학생이 기억하고 있는 것은 '교통안전을 위해 사람들이 하는 노력'이라는 내용이었습니다. 그런데 그 학생은 "과속 방지턱, 과속 방지턱, 신호등, 신호등, 과속 단속 카메라, 과속 단속 카메라, 에어백, 에어백, 보호 장구 착용, 보호 장구 착용, 자전거 전용 도로, 자전거 전용 도로……." 이렇게 반복하면서 외우고 있었습니다. 외우지 않아도 자신의 지식과 쉽게 연결하면 간단히 이해할 수 있는 내용인데, 무조건 외우고 있는 모습을 보니 가슴이 답답했습니다. 그래서 이 학생에게 조용히 눈을 감고 학교 가는 길을 떠올려보면서 방금 기억한 내용들을 생각해보라고 했더니 너무 쉽게 기억할 수 있다면서 좋아했던 기억이 납니다.

우리가 기억해야 할 학습 내용은 위와 같은 내용이 많다는 것입니다. 기존에 자신이 가지고 있던 지식을 무시한 채 단순히 새로운 지식이라고 생각하지 말고, 내가 알고 있는 지식과 잘 연결하면 쉽게 이해되고, 쉽게 이해가 된 만큼 더 빨리 오랫동안 기억할 수 있다는 것입니다.

셋째, 같거나 비슷한 것끼리 분류한 후에 기억해야 합니다. 분류하면 쉽게, 오랫동안 기억할 수 있는데, 생각하지 않고, 자신의 지식과 연결하지 않고, 암기하는 데만 급급하다는 것입니다.

'설악산, 지리산, 한강, 한라산, 금강, 낙동강, 무등산, 모악산, 영산강, 섬진강, 대둔산, 내장산' 이러한 학습 내용을 1분에 기억하라고 했다면 어떻게 해야 할까요? 어떤 학생들은 시간에 쫓겨 무조건 앞에서부터 달달달 외우려고 할 것입니다. 하지만 이해한 후에 생각해보면 좀 더 쉽게 분류할 수 있고, 분류하면 좀 더 쉽게 기억할 수 있습니다. 강(한강, 금강, 낙동강, 영산강, 섬진강), 산(설악산, 지리산, 한라산, 무등산, 모악산, 대둔산, 내장산)처럼 말이지요. 자! 어떤가요? 섞여 있을 때보다 좀 더 쉽게 기억할 수 있지 않나요? 그리고 자신이 가보았거나 이미 알고 있는 곳이라면 자신의 지식과 연결시켜 더 빨리 기억할 수 있습니다.

이 방법은 기억해야 할 내용이 많을 경우에 유용합니다. 무조건 외우려고 하기보다는 이해하고 분류하면서 기억하면 기억을 해야 한다는 스트레스를 줄일 수 있고, 더 정확하게 기억할 수도 있습니다.

넷째, 자신만의 기억 방법을 만들어야 합니다. 기억해야 할 학습 내용이 있을 때 단순히 글자 그대로 반복해서 외우기보다는 우선 '어떻게 하면 더 쉽게, 오랫동안 기억할 수 있을까?'라는 생각을 먼저 하면서 기억을 하기 시작해야 자신만의 기억 방법을 만들 수 있습니다.

예를 들어보겠습니다. 미얀마의 수도는 '네피도'입니다. 물론 나라와 수도 이름을 하나만 외울 때는 단순히 암기해도 상관 없지만, 여러 나라의 수도를 함께 외울 때는 시간이 지날수록 내용이 섞이거나 생각이 나지 않게 됩니다. '미얀마의 수도는 네피도' 어떤가요? 특별한 방법이 생각이 나지 않지요? 그럼 이렇게 한번 해보세요. '미안해 임마! 내피돌리도!' 어떤가요? 웃기기도 하지만 기억은 잘되죠?

하나 더 해볼까요? 네팔의 수도는 카트만두입니다. 그러면 '내 팔로 카트타면서 만두 먹는다', 어때요? 여러분이 알고 있는 지식과 새로운 학습 내용을 적절하게 섞어서 기억하면 이처럼 쉽게 기억할 수 있습니다.

이번에는 영어 단어를 한번 기억해볼까요? 'Answer'는 '대답하다'입니다. 역시 하나만 외울 때는 그냥 외워도 되지만 많은 영어 단어를 동시에 기억할 때는 조금 힘들 수도 있기 때문에 적절한 방법을 사용하는 것이 좋습니다. Answer 발음은 '앤써'입니다. 그러면 발음과 뜻을 하나로 묶어서 '애써 대답하다' 라고 기억하면 훨씬 더 쉽게 기억할 수 있습니다. 하나 더 해볼까요? 'Give는 주다'입니다. Give 발음이 '기브'이므로 뜻과 연결을 하면, '기쁘게 주다' 가 되는 것입니다.

이렇듯 적절한 방법을 사용하면, 기존 주입식 암기 방법보다 더 쉽고, 빠르고, 오랫동안 기억할 수 있습니다. 그렇기 때문에 앞으로 기억해야 할 학습 내용이 있으면, 어떻게 하면 더 쉽게 기억할 수 있을지를 생각하면서 기억하기 바랍니다. 나만의 기억법이 만들어지면 학년이 올라갈수록 점차 응용력이 많아질 것입니다.

이러한 기억법은 시간이 많이 부족한 학생들이나 경쟁에서 앞서 나가고 싶은 학생들이 반드시 가지고 있어야 하는 일종의 무기가 될 수 있기 때문에 평소 관심을 기울이는 것이 좋습니다.

Theme

7

드디어 기말고사가 끝났다. 기나긴 시간 동안 시험을 준비하기 위해 많은 노력을 했던 소율이는 시험지 채점을 마치고 나서 긴 한숨을 내쉬고 있다.

"소율아, 그동안 수고 많았어. 그래, 시험 결과는 어때?"

"……."

"왜, 결과가 안 좋아? 그래도 지난 중간고사 때보다는 노력을 많이 한 것 같은데."

"모르겠어요! 도대체 모르겠어요. 왜 제가 공부한 곳에서는 문제가 출제가 안 되고, 공부 안 한 부분에서만 출제되는지."

"그래? 성적이 어떤데? 엄마는 결과도 중요하지만 그동안 네가 노력한 모습이 더 보기 좋더라."

"7점이나 더 떨어졌어요."

"……."

"엄마도 실망이죠!"

"아니, 아니야! 엄마는 네가 공부를 하려고 열심히 노력한 모습이 더 소중하단다. 그 모습이 너무 보기 좋았어!"

"거짓말이죠? 제가 속상할까봐 그러시는 거죠?"

"아니야! 다음에 더 열심히 하면 되지. 아마 다음에는 더 좋은 결과가 있을 거야! 개구리도 더 멀리 뛰기 위해서는 한 번은 움츠리는 시간이 필요한 거야! 다음에는 지금 떨어진 성적을 합쳐서 더 많이 향상될 거야!"

"그렇게 말해줘서 고맙기는 한데요. 엄마, 아빠에게 미안하기도 하고 속상하기도 해요."

"괜찮아. 실망하지 말고, 더 열심히 공부해."

"네."

이렇게 얘기는 했지만 엄마의 마음은 많이 답답하다. 행여 소율이가 이번 시험 결과 때문에 자신감마저 떨어질까봐 애써 태연한 척 위로의 말을 건넸지만 속으로는 긴 한숨을 내쉬고 있다.

"여보."

"……."

"여보."

"왜?"

"나와 얘기 좀 해요!"

"무슨 얘긴데, 갑자기 정색을 하고 쳐다보는 거야. 내가 뭐 잘못한 일이라도 있는 거야?"

"아니, 당신 말고 우리 소율이요."

"소율이가 왜? 무슨 일 있어?"

"당신도 참 무심하기는……. 기말고사가 끝났잖아요. 그럼 당연히 성적 때문에 그렇죠."

"성적? 소율이가 이번에 성적 올린다고 열심히 공부했잖아? 왜, 기대만큼 많이 오르지 못해서 그런 거야?"

"아니요! 그게 아니라 오히려 성적이 더 떨어졌어요."

"뭐? 성적이 더 떨어졌다고, 그럴 리가!"

"소율이도 많이 낙심한 표정이에요."

"그래?"

"우리가 교육 방향을 잘못 잡은 거 아닐까요? 다른 아이들처럼 종합 학원에 보냈으면 성적이 더 좋지 않았을까 하는 생각이 들기도 해요."

"쓸데없는 소리하고 있어. 종합 학원에 가서 뭘 배운다고 그래, 배우는 것 하나도 없고, 사실 그건 공부도, 수업도 아니야!"

"뭐가 그래요! 그래도 종합 학원 다니는 애들 중에 성적이 좋은 애들이 많잖아요."

"지금의 성적만 중요한 것은 아니잖아. 언제까지 공부를 남에게 의존해야 하는데? 공부는 혼자서 하는 거야. 학원에 다니면서 공부한 애들은 계속 학원만 다녀야 성적이 나오는 거야. 소율이가 대학에 가서도 전공 과목 학원에 보낼 거야?"

"그건 아니지만……."

"그러면 그러지마. 당신도 그게 아니라는 것을 많은 책을 읽어서 알고 있으면서 그래. 지금 소율이의 성적이 조금 떨어졌다고 해서 달콤한 사탕의 유혹에 빠지려고 하지 마."

"……."

"지금 소율이에게 필요한 것은 학원이 아니야. 노력을 했지만 노력한 만큼 성적이 오르지 않는 이유를 파악하고 그것을 채워주는 것이 부모의 역할이야. 부모가 해주어야 할 책임을 돈을 앞세워 다른 사람에게 맡겨서 성적을 올리려고 하는 것은 더 좋지 못한 결과를 만들 수도 있어."

"당신 말이 맞기는 한데. 속상하니까 그렇죠. 얼마나 노력했는데⋯⋯."

"방법을 찾아보자고."

"⋯⋯"

엄마는 아빠와의 대화를 통해 뭔가 소율이의 공부 방향을 찾고 싶었지만 결국 원론적인 얘기로 끝나고 말았다. 책상에 앉아서 늦은 시간까지 열심히 노력하던 소율이의 모습을 생각하니 안쓰럽기만 하다.

오랜만에 만난 현진이 형

제1장

화려하고 행복했던 크리스마스가 지나고, 새해를 맞이할 계획과 꿈을 그려 가고 있을 시간, 소율이도 학교라는 울타리를 벗어나 자유 시간이 가득한 겨울방학이 코 앞으로 다가왔다.

"어휴, 추워!"

"어, 오늘은 일찍 들어오네요. 회식 없었어요?"

"응, 다행히 오늘은 회식도 없고, 당신과 소율이에게 얘기할 것이 있어서 빨리 들어왔어."

"하하하! 웃겨. 그런 것이 아니라, 오늘은 누가 찾아주는 사람이 없어서죠?"

"뭐? 내가 술이 좋아서 마시는 건 줄 알아? 다 먹고 살려고 사람들과 어울리다 보니 그렇게 된 거지."

"네. 그렇게 술 마시면서 번 돈으로 우리 잘 먹고, 잘 지내니까 당신의 간에게 감사하다는 말을 하고 싶네요!"

"간? 왜 간에게 감사해! 나에게 감사해야지!"

"당신이 아니죠! 간이 버텨주니까 계속해서 돈을 벌어오는 것 아니에요. 간이 버티지 못하면 돈도……쯧쯧!"

"아빠, 오셨어요?"

"오! 그래 우리 큰 인물, 학교 잘 다녀오셨어요? 얼른 앉아봐라. 내가 너와 엄마에게 오늘 할 얘기가 있다."

"뭔데요?"

"일단 앉자! 당신도 빨리 앉아!"

"자, 내가 하는 말 잘 들어봐!"

"…….."

"소율이 너, 현진이 형 기억나니?"

"현진이 형이요? 당연히 기억나죠. 초등학교 때 캠핑도 함께 가고 그랬잖아요!"

"그래, 기억하고 있구나."

"당연히 기억할 수밖에요. 작년인가 아빠가 현진이 형이 특목고에 입학했다고 제 앞에서 얼마나 얘기를 많이 했는데요. 사실 그때 많이 속상했거든요."

"왜 네가 속상해?"

"아니, 뭐! 현진이 형하고 자꾸 비교를 하시니까 왠지……. 그런 거 있잖아요."

"어, 그랬냐?"

"그랬잖아요, 현진이 얘기를 하면서 경락 씨가 부럽네, 경락 씨 와이프인 경임 씨가 교육을 잘했네, 어쨌네. 저도 옆에서 듣기에 얼마나 스트레스였는데, 소율이도 스트레스를 많이 받았겠죠."

"그런가! 그랬다면 미안하고……. 지금 그런 얘기를 하려고 하는 것이 아니라 현진이가 방학에 기숙사에서 나와 집으로 내려온다네."

"아니, 현진이가 내려오는 것이 무슨 상관인데 그래요?"

"응, 그동안 경락이랑 소율이 때문에 몇 번 통화를 했는데, 방학 동안에 현진이가 집에 내려오기 때문에 그때 소율이도 현진이랑 같이 공부하는 것이 어떠냐고 물어보더라고."

"현진이랑요?"

"응, 마침 경락이가 현진이에게 소율이 얘기를 했더니, 현진이도 소율이가 보고 싶다고 하네. 그리고 현진이도 그러한 시기가 있었다고 말하면서 자기와 같이 있다 보면 공부 방법도 알게 되고, 습관도 바뀔 것 같다고 하면서 방학 동안에 같이 있고 싶다고 했대."

"그건 현진이의 생각이죠. 경락 씨와 경임 씨가 괜찮을까요?"

"벌써 얘기 다 끝났어, 지금이야 좀 떨어져서 지내지만 예전에 애들 어릴 때는 같은 한 가족처럼 지냈잖아. 그래서 그런지 흔쾌히 그렇게 해도 좋다고 그러던데?"

"그래요, 그럼 저도 좋다고 생각해요."

"소율이 너는 어떠니?"

"저도 현진이 형하고 있으면 좋을 것 같기도 해요. 특목고에 대해서도 알고, 형의 공부 방법도 배우고, 모르는 것 있으면 물어보는 것은 좋을 것 같은데, 집을 떠난다는 것이 좀 그렇기는 해요."

"소율아, 새로운 것을 얻기 위해서는 가지고 있던 하나를 내주어야 할 때도 있는 거야! 네가 집을 떠나는 것도 힘든 결정이지만, 현진이와 방학 기간을 같이 보내는 것은 아마 좋은 경험이 될 것 같은데?"

"괜찮을까요?"

"뭐가?"

"현진이 형 엄마, 아빠는 어릴 적부터 많이 보아 와서 괜찮지만, 그때는 잠깐 잠깐 보는 것이고, 이번에는 방학 기간 내내 현진이 형 집에서 보내야 하는데……"

"별 걸 다 걱정하네, 너는 걱정하지 않아도 돼."

소율이는 단 한 번도 집을 오랫동안 떠난 적이 없었기 때문에 한편으로는 걱정이 많다. 그리고 집에서 편안하고 자유롭게 지냈는데 현진이 형 집에서는 그 자유로움이 없을 것이라는 생각이 들자 더욱 망설여진다. 하지만 어느 정도 공부의 목표를 달성한 현진이 형의 공부 방법과 지식을 배울 수 있다는 것이 좋기는 하다.

어느덧 시간이 흘러 현진이 형 집으로 갈 날이 돌아왔다.

"준비됐어? 이것만 실으면 되는 거야?"

"네, 거기에 있는 것만 실으면 돼요."

"아이고, 짐이 생각보다 많네. 소율아 너도 책가방이랑, 교과서 다 챙겼지?"

"네, 아빠. 공부할 것은 제가 따로 다 챙겼으니 걱정 마세요."

"자, 그럼 출발하자고."

준비를 마친 소율이와 부모님은 현진이가 있는 곳으로 출발하기 시작했다. 평소 같으면 꽤 긴 시간동안 고속도로를 달려야 했지만, 차 안에서 여러 가지 당부와 각오를 다지는 동안 어느덧 현진이네 아파트 주차장에 도착하였다. 마침 도착 시간을 미리 계산이라도 한 듯 현진이 형과 부모님이 함께 마중을 나와 계셨다.

부모님들은 오랜만에 만나서 그런지 차 한 잔을 앞에 놓고 꽤 많은 얘기를 하고 계셨다. 어느덧 시간이 흘러 해가 서산으로 기울 때쯤 엄마와 아빠는 집으로 돌아가시려고 하는지 자리에서 일어선다.

"소율아! 엄마와 아빠는 갈 테니까, 현진이 형과 잘 지내고, 현진이 형의 모든 것을 빼앗아 오너라. 알았지?"

"아이, 참! 아빠도. 내가 다 알아서 할 테니까 걱정은 그만 하시고 조심해서 내려 가세요!"

"현진이도 동생 잘 돌봐주어야 한다."

"네."

"아이, 참. 아빠 절 믿으세요. 제가 알아서 한다니까요."

"알았다. 엄마, 아빠에게도 한 번씩 전화 꼭 해야 한다."

"여보, 그만해요. 잔소리에, 걱정에 너무 말이 많네요. 그냥 소율이 다시 데리고 갈까요?"

"하하, 내가 그랬나?"

그렇게 엄마와 아빠는 집으로 돌아가고, 이제 소율이는 새로운 환경에서 새로운 도전을 하게 된다. 저녁은 먹은 후에 가볍게 씻고 현진이 형과 함께 생활할 방으로 돌아와 짐을 풀려고 하는데, 현진이 형이 책상에 앉아서 수첩에 무엇인가를 열심히 그리고 있다.

"형! 그건 뭐야?"

"아! 이거. 공부 일기야!"

"공부 일기? 난 평상시의 일기도 쓰기 싫은데, 공부 일기라니. 벌써부터 거부감이 드는데?"

"하하, 거창하게 쓰는 일기가 아니라, 오늘 내가 계획한 공부를 잘 지켰는지, 못 지켰는지를 평가하는 거야."

"평가? 무슨 평가?"

"소율이는 잘 몰라서 그러나 본데, 공부를 잘하는 아이들은 자신의 공부 계획을 세우고, 그 계획을 잘 지켰는지, 부족한 것은 없는지를 평가하면서 하루를 마무리하곤 해!"

"아! 플래너 말하는 거지?"

"응, 그래. 일종의 플래너지! 그런데 나는 플래너보다는 조금 디테일하게 일기 형식으로 평가를 하기 때문에 공부 일기라고 하는 거야."

"아! 나도 플래너 써본 적이 있기는 해. 며칠 쓰다 말았지만……. 귀찮은 것 같아서 그만뒀어!"

"처음 쓰게 되면 귀찮다는 생각이 더 많이 들 거야. 하지만 어느 정도 습관이 되면 이보다 더 좋은 공부 방법은 없다는 것을 알게 돼!"

"그럼, 공부 계획도 공부 방법이야?"

"그럼. 형도 공부 계획이 있을 때와 공부 계획이 없을 때는 하루의 생활과 공부의 집중도가 달라지는 것을 알기 때문에 매일 플래너를 쓰는 거야!"

"……."

"공부 계획은 어쩌면 단기적인 목표를 설정하는 것과 같은 거야. 네가 오늘 꼭 해야 할 공부를 계획하고 실천하는 것이지. 만약에 계획이 없다면 공부를 안 해도 그만, 해도 그만이잖아. 그렇기 때문에 대부분 공부를 하지 않고 하루를 보내게 되는 것이지."

"하긴, 그런 것 같기는 해."

"뭐가 그런 것 같아. 그런 거지."

"근데 형! 학기 중도 아닌데 방학 중에도 꼭 공부 계획을 세워야 해? 대부분의 아이들은 방학 중에는 그냥 공부하는 것 같은데."

"맞아. 대부분의 아이들은 방학은 그리 중요하지 않게 생각하고 하루를 보내게 되지. 하지만 방학을 소홀히 보내면 다음 학기에 더 큰 부담이 되기 때문에 방학을 잘 보내야 하는 거야."

"그것은 나도 알아. 그런데 왜 방학에도 계획이 중요한 것인지는 모르겠어."

"오히려 학교 다닐 때보다는 방학 때의 계획이 더 중요해."

"방학이 더 중요하다고? 왜 그런데?"

"학기 중에는 학교에 가고, 학원 한두 개 다니다 보면 하루가 마감되고 혼자서 공부할 수 있는 시간은 적잖아."

"응, 그래 맞아. 그래서 예전에 나도 계획을 세울 때는 매일 똑같은 계획만 세웠던 것 같아. 학교, 학원 그리고 또 학원, 그러니 쓰다가 말았던 것 같아!"

"하하, 그것은 공부 계획이 아니라 너의 하루 일과표인 것 같은데."

"그런가?"

"방학은 혼자서 보내는 시간이 많잖아. 그렇기 때문에 공부 계획이 더 중요한 거야! 자, 형의 계획표를 한번 봐!"

"……."

"아침부터 오후 저녁까지 공부의 계획이 다 짜여졌지?"

"정말 그러네."

"이렇게 공부가 계획되어 있으니, 딴청을 부린다거나 게으름을 피울 수 없겠지. 아마 이 계획이 없다면 대부분 빈둥거리며 하루를 마감하게 될 거야."

"와, 대단하네. 그런데 형."

"응, 왜?"

"계획을 보니, 꼭 학교 시간표 같다는 생각이 드는데?"

"하하, 맞아. 학교 시간표처럼 계획을 세웠어. 다르게 계획을 세우는 아이들도 있지만 나는 학교 시간표와 비슷하게 계획을 세우는 것이 더 좋을 것 같아서 그렇게 하고 있어. 물론 쉬는 시간도 비슷하게."

"특별한 이유라도 있어?"

"특별한 이유는 없고, 난 학교에서 많은 시간을 보내다 보니 자연히 학교 수업 시간이 나에게 가장 좋은 집중 시간인 것 같아서 그렇게 계획을 세운 거야. 아마 나의 집중하는 리듬이 그런 것 같아."

"아하! 학교 수업 시간에 매번 집중했기 때문에 형에게 가장 좋은 집중 시간이라는 거지?"

"나도 욕심을 내서 계획을 세워봤는데, 45분이 지나면서 집중력이 많이 떨어졌던 것 같아."

"아하! 학교 수업에 매번 집중을 하다 보니 형의 집중 시간이 학교 수업 시간에 맞춰져서 그렇게 계획을 세운 것이로구나."

"그렇지. 이제 좀 알겠어?"

"엥? 그런데 일어나는 시간도 일찍이네? 방학인데 꼭 그래야 하는 거야? 그럼 혹시 나도 내일부터 그래야 하는 거야?"

"너는 늦잠 자고 싶으면 자도 돼. 그것은 네가 알아서 하는 거야."

"아이, 참! 여긴 우리 집이 아니잖아. 그리고 나는 형에게 공부를 배우려고 왔는데 형은 일찍 일어나고, 나는 늦잠을 자면 안 되잖아."

"그럼, 형이 어떻게 해야 하나?"

"형! 좀 더 늦게 일어나자. 응?"

"안 될 걸?"

"왜 안 되는데?"

"나는 내 신체 리듬을 중요하게 생각하기 때문에 그 리듬을 잃지 않으려고 노력하는 거야."

"신체 리듬? 그게 뭔데?"

"나도 오랜 시행착오를 겪으면서 얻은 건데, 방학 중에도 학교 다닐 때와 비슷하게 생활하는 것이 가장 좋은 집중이 되었던 것 같아."

"아! 또 학교 시간이야?"

"만약에 방학 기간 동안 매일 늦잠을 잤다고 생각해봐. 그런데 개학이 되었어. 그러면 오전의 수업에 집중이 잘되겠니? 잠이 오겠니?"

"……."

"그것 봐. 아무 말도 못하지, 우리는 1년 동안 집에 있는 시간보다는 학교에서 생활하는 시간이 많아. 어쩌면 대부분 학교의 시간에 맞추어 일어나게 되잖아. 그렇기 때문에 그 시간에 우리의 몸은 익숙하게 되어 있고, 익숙한 만큼 집중이 잘되는 거야. 그런데 방학이라고 해서 늦잠을 자면 익숙해진 리듬은 망가지고 하루가 의미 없이 그냥 지나가버리는 거야."

"그렇기는 한 것 같아! 나도 어제 늦잠을 자고 빈둥거리다 보니 오전이 금방 지나가버리고, 학원에 다녀와서 텔레비전을 보니 금방 저녁 시간이더라고."

"누구에게나 하루 24시간은 같지만, 24시간을 어떻게 보내느냐에 따라 12시간도 될 수 있고, 36시간도 될 수 있는 거야! 알았지?"

"오케이, 이제 알 것 같아! 이번 방학이 좀 힘들 것 같지만, 든든한 형이 있어서 잘 이겨낼 수 있을 것 같아."

"어라! 자식. 많이 컸네?"

"그런가! 아무튼 낼 나도 형과 같이 공부를 할 테니 일찍 깨워줘. 알았지?"

"일어나기나 하셔!"

이렇게 현진이 형의 집에서의 하루가 시작되었다. 누구든지 쉽게 흐트러질 수 있는 방학인데 학교 다닐 때와 같은 일과표 대로 하루를 보내고 있는 현진이 형의 계획과 생각, 그리고 모습을 생각하면서 소율이는 잠을 청하고 있다.

새로운 하루의 시작과 계획 & 인터넷 강의

제2장

다음날 아침 요란한 알람소리와 함께 아침이 시작되었다. 알람소리가 들리자마자 현진이는 벌떡 일어나서 이불을 정리하고, 운동복으로 갈아입은 후 아침을 준비하고 있다. 아마 기숙사 생활을 오래 하다 보니 자연스럽게 익숙해진 모습이었다. 하지만 소율이는 아직도 이불을 부둥켜안고, 긴 한숨으로 하루를 맞이하고 있다. 같은 시간의 모습이지만 하루를 준비하는 두 사람은 전혀 다르다.

"형! 뭐하는데 그렇게 서둘러?"

"응! 일어났어? 가볍게 산책이나 하려고."

"뭐! 산책? 우린 학생이잖아. 아침에 산책하는 것은 어른들이나 하는 것 아냐?"

"하하, 빨리 일어나. 형이랑 같이 산책하자. 지금은 일어나기 싫어도 산책하고 돌아오면 마음이 달라질 걸."

"형, 진짜 대단하다."

천근만근 무거운 몸을 침대에서 일으켜 세운 소율이는 아직 두 눈도 뜨지 못한 상태에서 옷을 주섬주섬 입고 있다. 집에서의 아침이라면 늦잠을 즐기고 싶지만, 현진이 형의 집이기 때문에 어쩔 수 없이 일어나 현진이를 따라 나선다.

아파트 정원 길을 지나 작은 공원에 도착한 현진이와 소율이는 가볍게 스트레칭을 하고, 조깅도 한다.

"형! 방학인데 좀 늦잠도 자고 그러는 게 좋지 않을까? 아침부터 이렇게 움직이면, 오후에는 졸릴 것 같은데!"

"아니 전혀 졸리지 않아. 나는 이렇게 아침을 시작하는 것이 더 좋아. 그리고 집중도 훨씬 잘돼."

"뭐가 그래! 난 지금 상태라면, 아마 집으로 돌아가서 다시 이불 속으로 들어갈 것 같은데."

"그럼 그렇게 해! 기숙사 생활을 하는 학생들은 항상 아침에 일어나 이렇게 조깅을 했어. 그래서 형이 그 생활에 익숙한 것이지만, 너는 어제까지 아침에 늦잠을 잤기 때문에 지금 이 시간이 힘든 거야."

"생활 리듬? 모르겠다."

"하하, 한 사나흘 지나면 아마 너도 익숙해질 걸. 지금은 힘들지만 익숙해지고 나면 너의 하루 생활이 달라질 거야."

"이건 너무 힘들다. 아침부터 이렇게 힘들어서야……"

"며칠만 버텨봐. 그러면 그 생각이 싹 달아날 테니까."

"버티는 것은 좋아. 도대체 왜 방학에도 이래야 되는 건데?"

"음~ 일단 지금까지 나의 신체 리듬을 깨고 싶지가 않아. 학교 다닐 때의 신체 리듬을 계속 유지하고 싶은 거지. 그리고 그 신체 리듬에 익숙해져 있기 때문에, 오히려 집중도 잘되고……. 그렇기 때문에 공부의 질도 높아지는 거지."

"……."

"졸아?"

"아, 아니!"

"그리고 또 방학이 끝나고 학교에 돌아갔을 때도 신체 리듬이 그대로 유지되었기 때문에 방학에 대한 후유증 없이 바로 학교생활에 적응을 할 수 있는 거지. 만약에 내가 방학에 늦잠을 자다가 개학해서 학교생활에 적응하려면, 아마 지금의 너와 같은 모습일 거다."

"듣고 보니 그렇긴 한데, 이건 너무 힘들다. 힘들어!"

"하하! 자, 빨리 가자. 어머니께서 맛있는 아침 식사를 준비하셨을 거다."

"아! 몰라."

가벼운 운동을 하고 돌아온 현진이와 소율이는 맛있게 식사를 마치고 방으로 돌아와서 잠시 휴식을 취하고 있다. 현진이의 눈은 사냥감을 찾아 나선 독수리의 눈이지만, 소율이의 눈은 시장에 널린 생선의 눈처럼 풀려 있어서 지금 당장 베개만 던져주면 금방 깊은 잠에 빠져들 것 같다.

현진이는 어제 저녁 공부 일기를 썼던 수첩을 꺼내들고 오늘 하루의 계획을 세우기 시작한다. 물론 학교 시간표를 기준으로 하여 자신이 많은 시간을 투자해야 할 과목과 비교적 수월한 과목에 따라 시간을 배분한다. 그리고 혼자만으로는 부족하다고 느끼는 공부는 인터넷 강의를 통해 한 학기 정도를 미리 선행하려는 계획을 세우고 있다.

이를 물끄러미 지켜보던 소율이가 고개를 갸우뚱거린다. 여태껏 자신이 보아 왔던 계획표와 다르기 때문에 궁금한 점이 많은 모양이다.

"형? 어제 형이 학교 시간표를 기준으로 계획을 작성한다고 했는데, 계획표를 보니 꼭 그런 것만은 아니네?"

"맞아, 그럴 거야! 내 계획은 학교 시간표를 중심으로 하되, 내가 더 노력해야 할 과목과 쉽게 해결할 수 있는 과목의 공부에 따라 시간을 배분하는 거야. 하지만 공부 시간은 50분이고, 쉬는 시간은 10분이라는 학교 시간표에 따라 하루의 계획을 세우게 되는 거지."

"형의 계획표 대로라면, 오늘은 오전에 수학 한 시간, 그리고 인터넷 강의 한 시간, 오후에 또 한 시간, 그러면 오늘 하루는 수학 공부에 집중하는 거네."

"그렇지! 오전 한 시간은 어제 인터넷 강의를 들은 부분에 대해 복습 차원으로 문제를 푸는 시간이고, 인터넷 강의는 다음 단원을 공부하는 시간이며, 오후의 시간은 강의를 들은 내용을 다시 공부하는 시간이라고 생각하면 돼."

"그럼, 사회나 역사 공부는 안 해?"

"왜 안 해! 당연히 해야지. 하지만 역사와 사회 과목의 공부는 지금은 깊게 하지 않고, 그 내용에 대한 배경지식을 쌓을 수 있는 독서를 더 많이 하는 편이야. 그리고 개학이 다가오면 교과서를 보면서 공부의 뼈대를 미리 파악하면 내 경험으로 보았을 때는 괜찮았던 것 같아."

"독서를 한다고? 그냥 교과서를 보면서 미리 공부하는 것이 더 좋지 않을까?"

"어떻게 보면 그게 더 빠르고 좋을 수도 있겠지만, 난 바로 공부하는 것보다는 배경지식을 쌓아서 많이 이해하는 것이 좋아! 우리가 수업을 듣는 것도 선생님의 설명을 통해 이해를 많이 하려고 하는 것이잖아?"

"응."

"그와 같이 사회나 역사에 관한 다양한 책들을 미리 읽어 놓으면, 배경지식이 많아져서 교과서 내용을 쉽고 깊이 있게 이해할 수 있는 장점들이 있는 것 같아."

"아, 그렇구나! 그래서 형이 시간만 나면 독서를 하려고 하는구나. 그럼 독서가 아니라 그것도 공부네."

"뭐?"

"알았어, 알았어! 근데 나는 형이 인터넷 강의를 듣는 줄 몰랐어! 그냥 혼자서 공부를 하거나 과외를 받는 줄 알았지."

"그랬구나! 공부를 혼자서 하기 어려운 과목들이 있어. 나도 혼자서 하면 좋은데, 혼자서 하기에는 너무 시간들이 오래 걸리더라고. 그래서 다른 사람의 지식을 가장 쉽게 흡수할 수 있는 방법이 인터넷 강의라고 생각해서 들어보니 예상보다 더 좋은 것 같아."

"나도 인터넷 강의를 듣고 공부를 하는데, 사실은 잘 안 되더라고."

"그래? 난 괜찮던데?"

"뭐가 그래 날마다 강의를 잘 들었는데도 성적의 변화는 하나도 없고, 모르는 것을 바로 물어볼 수도 없잖아!"

"네가 제대로 듣지 않아서 그래. 아무래도 인터넷 강의이다 보니 제대로 집중을 하지 않아서 그럴 거야."

"아니야! 정말 열심히 듣는데?"

"열심히 듣는다고, 듣기만 하는 거니? 필기도 하는 거니?"

"듣기만……."

"그게 문제야. 인터넷 강의도 수업이야. 네 머리가 천재가 아닌 이상 듣기만 한다고 해서 선생님이 설명한 얘기를 모두 다 기억하기는 힘들어. 그렇지?"

"하긴."

"그렇기 때문에 선생님이 설명한 내용을 열심히 필기하고, 그 필기한 내용을 바탕으로 인터넷 강의도 반복 학습을 해야 하는 거야."

"엥?"

"자, 형의 계획표를 봐! 여기 보면 과학 인터넷 강의가 있지? 그리고 다음 계획을 봐. 뭐라고 쓰여 있어?"

"과학! 인류의 건강과 과학 기술."

"형은 인터넷 강의를 들으면 듣는 것으로 끝나지 않고, 들은 내용을 다시 한 번 나의 지식으로 만드는 공부를 하는 거야. 그래야 인터넷 강의를 들은 효과가 나타나는 것이지. 그냥 듣고만 끝나는 공부는 어느 순간 머릿속에서 사라지고 말거든. 그렇기 때문에 너는 강의를 열심히 들었더라도, 성적이 향상되지 않았던 거야!"

"아! 그런 거였어? 나는 인터넷 강의도 공부인줄 알고 집에 오면 강의 듣는 데만 집중했지, 강의를 듣고 공부할 생각은 전혀 하지 않았는데……."

"자! 네가 인터넷 강의를 40분 들었다고 가정해보자. 그러면 그 강의를 다시 한 번 공부할 때는 20분이면 충분해. 그렇게 되면 한 시간이면 강의 내용을 완벽하게 너의 것으로 만들 수 있는데, 40분 강의만 듣고 만다면 네가 40분이나 투자했던 시간은 아무 의미가 없게 되어버리는 것이지!"

"그럼 강의 내용을 다시 한 번 복습하지 않으면 열심히 들었던 40분의 노력은 아무런 효과가 없는 것이네?"

"그런 셈이지."

"고작 20분 정도만 더 공부하면 되는 것을……."

"하하, 이제 알겠니?"

"에이, 짜증나. '머리가 나쁘면 손발이 고생한다'는 말이 딱이라니까! 그렇게 열심히 들었건만, 그거 다시 한 번 보고 공부했으면, 지금 내가 이 모양, 이 꼴은 아닐 텐데."

"하하, 뭐가 그래! 아직도 너처럼 공부하는 애들이 대부분일 텐데. 다음부터 그러지 않으면 분명 다음 학기에는 네가 전부 이길 수 있을 거야!"

"맞아, 맞아!"

"그럼 됐지? 형은 공부해야 하니까 이제 너도 공부하거라."

"아니 형! 뭔가를 알려주었으면 끝을 봐야지! 갑자기 왜 혼자서 공부를 한다고 그래?"

"뭐라고?"

"형은 얘기가 다 끝났을지 몰라도 나는 아직 궁금한 것이 더 있거든."

"궁금한 것이 있다고? 뭔데?"

"형은 수학 인강을 듣고 있잖아!"

"응, 그런데?"

"뭐가 그런데야?"

"어서 말해봐!"

"인강을 들으면서 분명히 모르는 부분이 있을 거야. 특히 수학은 답답해서 미칠 지경이거든, 그때는 어떻게 하는데?"

"네가 답답해서 미친다고? 와, 요녀석 거짓말하네. 자기가 답답한 마음이 들었다면 지금 그 성적은 절대로 아닐 거다. 답답한 마음이 들었다면 그 내용을 분명히 해결했을 텐데, 모르면 모르는 채로 넘어갔기 때문에 그런 성적이 나온 거지. 우리 솔직해지자."

"아니 뭐! 그래, 답답한 정도는 아니지만 모르는 것은 어떻게 해야 하는지 난 그게 제일 문제더라, 그래서 항상 인터넷 강의를 듣고 나면 뭔가 찝찝하다는 생각이 들더라고."

"수학은 사고력이 중요해! 네가 모르는 내용을 바로 질문하면 그 내용은 쉽고 빠르게 알 수 있다는 장점이 있지만, 오히려 수학적 사고력은 발달되지 않을 거야."

"수학적 사고력?"

"응, 수학은 생각하는 능력이 중요해! 나도 어제 들은 내용 중에서 모르는 부분이 있어. 그런데 모른다고 해서 내버려두지 않고, 이렇게도 풀어보고, 저렇게도 풀어보면서 내 스스로 답을 찾으려고 노력하지."

"그래도 모르면?"

"물론 혼자서 답을 해결하려고 노력했지만 결국 못하는 경우도 있어! 학기 중이라면 반 친구들에게 질문하겠지만, 지금은 학기 중이 아니니까 강의 게시판에 내가 모르는 부분에 대한 내용의 문제와 함께 글을 올리는 것이지."

"뭐, 게시판? 그럼 답이 언제 오는데?"

"빠르면 몇 시간 내로 답이 오는 경우도 있고, 늦어도 대부분 다음날에는 댓글이 달려."

"와! 그렇게 오랫동안 기다려야 해? 나 같으면 미치고 펄쩍 뛰겠네!"

"그 생각이 아주 잘못된 거야! 자, 생각해보자. 네가 모르는 문제가 생

졌어. 그리고 그 문제를 바로 내가 곁에서 설명을 해주어서 알게 된 상황하고, 네가 모르는 문제를 해결하려고 지속적으로 노력을 했지만 도무지 몰라서 친구들에게 물어보거나 게시판에 글을 남겨서 알게 된 상황 가운데 어느 쪽이 문제 해결력에 도움이 될 것 같니?"

"음, 두 번째 상황!"

"그 이유는?"

"음, 혼자서 그 문제에 대한 고민을 많이 했기 때문에 다른 사람의 설명을 듣게 되면, 어디가 문제였는지 쉽게 알 수 있고, 힘들게 알았던 문제는 더 잘 기억된다는 거!"

"알기는 알고 있네!"

"저도 알 것은 다 알아요!"

"네가 뭘 안다고 난리야."

"어? 형, 나도 남자라고요! 옛날 같으면 벌써 아빠가 되어 있을 나이에요!"

"뭐? 할 말이 없구나."

"그렇죠!"

"됐지? 이제 형, 공부한다."

"잠시만요."

"또 궁금한 것이 있어?"

"잠시만! 나도 생각 좀 해볼게요."

"그래, 오전의 한 시간은 공부를 못할 것 같으니 뒤로 미뤄야겠다! 그래 너에게 한 시간 투자한다."

"형! 뭐 계획한 한 시간 공부를 못했다고 해서 뒤로 빼는 거예요?"

"너 때문에 오늘 휴식시간이 한 시간 줄었잖아."

"엥? 무슨 소리!"

"봐! 내 계획대로라면 4시 30분에 공부가 끝나고 7시 까지는 저녁 먹고 휴식이잖아!"

"그런데요!"

"뭐가 그런데요야! 지금 오전에 한 시간 공부 분량을 4시 30분부터 해야지. 그러면 5시 20분까지 공부해야 하잖아! 그래서 휴식시간이 줄었잖아!"

"뭐, 그런 것까지. 오늘 못하면 내일 하면 되는 거 아닌가?"

"야! 그러면 계획이 무슨 필요가 있어. 어제도 내가 말했잖아. 계획이기 이전에 오늘 하루의 공부 목표이자, 나 자신과의 약속이잖아. 어떻게 약속을 그리 쉽게 어기고, 목표를 쉽게 버리냐?"

"뭐, 상황에 따라 그럴 수도 있는 것 아니냐?"

"어쩔 수 없는 상황이 있을 수는 있어! 가령, 느닷없이 가족 모임이 생겼다든지, 그럴 때는 어쩔 수 없지만 오늘은 그게 아니잖아."

"알았어, 알았다고! 그럼, 지금 공부는 오후에 하고 질문 하나 더 해도 되지?"

"뭔데!"

"왜! 갑자기 쌀쌀해지는 것이지? 그럼 나도 질문 안 한다."

"오케이, 알았어! 어서 물어봐!"

"좋아, 이건 아주 간단한 질문이야!"

"간단하든, 복잡하든 빨리 물어봐."

"형의 계획표를 보면 수학은 인터넷 강의를 듣는 것 같은데, 과학은 듣는 부분도 있고, 듣지 않는 단원도 있는 것 같은데 왜 그런 거야?"

"그게 네 눈에 보였어?"

"여기를 읽어보면 알 수 있잖아."

"모르는 것도 있어."

"모르는 것도 있다고? 그게 뭔데?"

"사실, 형은 수학의 경우 2개의 인터넷 강의를 들어. 처음 계획은 과외를 하면서 인강을 들으려고 했지만, 과외 선생님이 구해지지 않아서 그냥 인강 2개를 듣기로 했어."

"뭐, 같은 과목인데 왜 2개를 들어?"

"너는 잘 이해하지 못할 수도 있는데, 가르치는 사람마다 똑같은 상황에서 다르게 설명을 하거든. 그리고 문제를 증명하는 과정도 많이 다르기 때문에 2개를 듣다 보면 더 깊이 있게 이해할 수 있고, 사고력과 문제 풀이 능력이 많이 좋아지는 것 같기 때문이야."

"참 대단도 하셔라! 나는 하나 듣기도 버거운데 형은 2개씩이나!"

"하하, 그러냐? 너도 어느 정도 혼자서 공부하는 능력이 생겼다면 학기 중은 아니라도 방학 기간에는 2개를 들어보는 것도 좋은 방법일 거야!"

"지금 내 마음은 어둠 속에서 빛을 찾아 가고 있는 것이 아니라, 더 깊게 구멍을 파고 있다는 생각이 들어."

"처음이라 그래. 그동안 네가 공부를 했던 것과 내가 공부를 했던 것이 약간의 차이가 있어서 그런 거야. 형도 처음부터 이렇게 공부를 하지 않았어, 처음에는 무척 힘들었지. 하지만 이러한 습관들이 몸에 완전히 익어 버렸기 때문에 힘들지 않은 거야!"

"와! 대단하다. 나도 언제나 형처럼 습관이 잡힐까?"

"모르긴 몰라도 방학이 끝날 때쯤에는 너도 많이 변해 있을 걸! 형은 너에게 공부 방법뿐만 아니라 공부를 잘할 수 있는 습관에 대해 더 많이 알려주고 싶어."

"참! 두 번째 질문은……."

"응, 과학 말하는 거지?"

"응."

"그것은 내가 스스로 잘할 수 있는지, 없는지에 따라 강의를 듣는 거야!"

"무슨 말인데?"

"지금은 방학이잖아! 그렇기 때문에 완벽하게 공부를 할 필요는 없어! 오히려 너무 완벽하면 학교 수업에 집중하지 못할 수도 있으니까 어느 정도 학교 수업을 충분히 이해할 수 있을 정도만 인강을 들어."

"그런데?"

"그런데 물리 과목과 화학은 혼자서 공부하려고 하면, 너무 많은 책을 찾아봐야 하고, 혼자서 공부하기 어려워서 인강을 통해 어느 정도 지식을 쌓으려고 하는 것이고, 생물과 지구과학은 그동안 책을 좀 읽어서 배경지식이 있기 때문에 혼자서도 할 수 있다는 생각에서 인강을 듣지 않는 거지."

"뭐가 그리 복잡해. 그냥 다 들으려면 듣고, 안 들으려면 안 들으면 되지. 참나, 복잡하게 사네."

"아냐, 복잡하지 않아. 모든 공부를 남에게 의존하지 않고 내가 혼자서 할 수 있는 공부를 하는 거야! 그리고 사실 내가 혼자서 할 수 있는데, 인강을 들으면 오히려 많은 시간이 걸리기 때문에 그래."

"더 많은 시간이 걸린다고?"

"응. 인강은 40에서 50분 정도 봐야 하잖아!"

"응."

"그런데 사실, 생물은 같은 분량을 공부해도 30분이면 충분히 끝낼 수 있거든, 그렇게 하면 시간도 절약되고, 내가 공부를 스스로 깊게 한 부분이기 때문에 기억도 잘돼. 그래서 형이 할 수 있는 부분은 인강에 의존하지 않고 스스로 하려고 노력하는 거야!"

"아하! 내가 스스로 할 수 있는 부분은 인강에 의존하지 않고 스스로 공부하고, 내 스스로 하기에는 시간이 많이 걸리거나 어려운 부분만 인강을 듣는다는 거지?"

"오케이, 머리가 나쁘지는 않구나!"

"그럼, 나 원래 머리는 좋아! 머리가 엄청 크잖아!"

"하하, 그래 네가 걸어오면 작은 몸에 호박덩어리 하나 올려진 것 같아서 되게 웃겨!"

"뭐, 호박덩어리?"

"하하하!"

이렇게 아침 시간이 흘러가고 있다. 집에서의 소율이었다면 이제 일어나거나 아직도 꿈나라였을 텐데, 현진이와 함께 아침을 일찍 시작해서인지 무언가 생기가 넘치는 모습이다.

제3장

방법보다는 습관이 중요하다

한 참 동안 형을 귀찮게 했던 소율이도 형과 함께 공부를 시작하려고 한다. 하지만 막상 공부를 해야겠다는 마음은 있는데 어떻게 해야 하는지, 어디서부터 해야 하는지 알지 못해 흐르는 시간을 잡지 못하고 있다.

"소율아! 너 뭐하냐?"

"응, 공부하려고 하는데!"

"야! 너 아까부터 공부를 하기보다는 이 책, 저 책 뒤적거리기만 하고 있잖아!"

"어, 내가 그랬었나!"

"뭐가 그랬었나야! 그랬으면서!"

"모르겠어! 공부를 해야 한다는 생각은 있는데, 무엇을 어떻게 해야 하는지 하나도 모르겠어."

"그건 네가 준비를 안 해서 그래, 수영장에서 수영을 하려면 미리 준비를 해야 하는 것과 마찬가지야."

"수영장? 무엇을 준비해야 하는데?"

"최소한 수영복과 수영모는 미리 준비해야지, 그리고 간단한 샤워 도구와 수건은 챙겨야 할 것 아니야!"

"그건 당연하지!"

"그건 당연하면서, 공부는 왜 준비를 하지 않는 거야?"

"아이, 참! 형도. 수영하고 공부가 같아?"

"그렇게 물어보면 분명 다르지. 하지만 미리 준비하지 않으면 시간만 허비하게 된다는 것은 아마 같을 걸!"

"시간만 허비하게 된다고?"

"그래, 네가 만약에 수영복과 수영 모자를 준비하지 않고 집을 나섰다가 수영장에 도착해서 준비를 못한 것을 알았다면 수영을 포기하거나 다시 집에 와서 가지고 가야 하잖아?"

"그렇겠지!"

"그러면 그만큼 시간을 허비하는 것이잖아!"

"그런데, 아니 그게 공부하고 무슨 상관이냐고?"

"공부도 마찬가지야. 네가 해야 할 공부를 미리 준비해야 한다는 것이지!"

"아니, 그러니까 무엇을 해야 하는지를 도무지 모르겠다니까!"

"아이구, 답답아."

"자, 일단은 공부의 준비, 즉 네가 해야 할 공부 계획이 없기 때문에 그런 거잖아!"

"예를 들어, 국어 4단원의 본문을 읽고, 모르는 단어의 뜻을 미리 파악할 수도 있고, 사회 과목의 세계 지리를 공부하려면 미리 세계 지도를 외운다든가, 그려본다든가 하는 계획이 있어야 하잖아!"

"아! 그 계획!"

"뭐가 그 계획이야!"

"난 또 다른 것인 줄 알고. 하하하!"

"자, 계획을 세우기 힘들어 하니, 우선 형과 같은 시간으로 계획을 세우도록 하고, 과목에 대한 공부 내용을 생각하도록 해."

"과목에 대한 공부 내용?"

"우선은 잘 모르니까 너희 학교 시간표 대로 과목을 배정하면 될 거야."

"그런 다음에는?"

"그 시간에 그 과목의 교과서를 읽고 모르는 단어와 지도, 그래프 등을 우선 기억하려고 하고, 다음에 핵심 단어를 찾아보는 거야!"

"그것만 하면 되는 거야?"

"응! 너에게 필요한 것은 공부 방법보다는 공부를 잘할 수 있도록 하는 습관이 더 중요한 것 같아."

"습관?"

"응. 넌 내가 가만히 지켜보니까, 습관에서부터 문제가 있는 것 같아."

"뭐가 문젠데?"

"가만히 보니 책상에 앉아 있는 시간은 많은 것 같은데, 그 시간만큼의 효과적인 공부는 하지 못하고 흘려보내는 시간이 많은 것 같아!"

"……"

"즉, 멍 때리는 시간이 많고, 자꾸 이동하거나, 공부가 아닌 다른 쪽에 관심을 두는 것 같아."

"내가 그랬어?"

"그래, 그랬다니까! 그러니까 우선 오늘 하루는 형이 하는 대로 하루를 보내는 거야!"

"그대로 따라만 하면 되는 거지?"

"그래, 형이 책을 보면서 계속해서 공부하고 있으면, 너도 그렇게 하고, 형이 쉬면 너도 쉬고, 형이 밥 먹으면 너도 밥을 먹는 거야!"

"좋아, 그거야 뭐 어렵지 않지."

"어렵지 않다고? 그래 한번 해봐!"

"그럼 시작한다. 시작!"

그렇게 소율이의 공부는 시작되었다. 공부 방법보다는 습관을 바꾸기 위해 시작된 하루이다. 아무리 공부 방법이 좋고 머리가 똑똑해도 공부 습관이 좋지 못하면, 자신의 능력과 장점을 공부에 적용할 수 없다는 것을 알기 때문에 현진이는 우선 공부를 지속할 수 있는 습관을 잡아주려고 한다.

어느덧 점심시간이 되어 현진이가 자리에서 일어선다. 그런데 그 순간 소율이는 일어나지 못하고 덥석 책상 위에 엎드려 한숨만 내쉬고 있다.

"소율아, 어서 일어나. 밥 먹어야지."

"형! 나 잠시만 쉬고."

"너 벌써 잊었어, 오늘 하루는 형과 같이 행동한다고 했잖아!"

"몇 시간도 되지 않아 벌써 포기한 거야?"

"아니야! 아니야. 일어나야지."

"자, 얼른 가서 맛있게 밥 먹고 잠시 쉬도록 하자!"

"엉! 쉬는 시간도 있어?"

"그럼 당연히 있지, 학교에서도 밥 먹고 쉴 수 있는 시간이 있잖아!"

"아! 맞다. 형 얼른 가서 밥 먹자."

오전의 공부를 마친 소율이와 현진이는 맛있게 식사를 하고 있다. 소율이의 어제 모습은 늦잠 자고 일어나서 입맛이 없는지 밥알을 세듯이 젓가락으로 먹고 있었지만, 오늘은 숟가락으로 밥알을 가득 담아 입 안 가득 집어넣고 있다.

"천천히 먹어."

"형! 밥이 맛있다!"

"하하하, 너도 참 웃기다. 공부할 때는 그렇게 죽을 것 같더니, 먹을 것을 보니 기운이 나는구나."

"형, 밥이 이렇게 맛있는 줄 몰랐네. 형 엄마 요리 솜씨가 우리 엄마보다 좋은가?"

"그러지는 않을 거야! 네가 오전 동안 공부 열심히 해서 배가 많이 고프기도 하고, 공부에서 잠깐 동안 해방되었다는 생각에서 더 맛있게 느껴지는 것일 거야."

"이유야 어떻든, 밥맛은 끝내준다!"

"그것 봐, 일한 후에 밥맛은 최고라고 하잖아. 늦잠자고 일어나서 아점을 먹을 때는 밥맛도 하나도 없었지?"

"그건, 그래!"

공부 후 꿀맛 같은 점심식사를 한 후 소율이와 현진이는 잠깐의 휴식을 취하고, 오후 공부를 하기 시작했다. 오전과 달리 오후의 소율이는 조금 변한 것 같다. 공부하는 모습도 오전과 달리 움직임이 덜하고, 무엇인가를 열심히 찾아보려고 노력하는 모습이다.

현진이가 한 시간의 공부를 마치고 인터넷 강의를 듣기 위해 자리에서 일어서자 소율이도 따라서 일어선다. 아직 무슨 과목을 강의를 들어야 하는지 준비가 되지는 않았지만 오늘 하루는 현진이를 따라 하기로 했기 때문에 일단 과학 과목을 들어야겠다는 생각으로 노트북을 들고 자리에서 일어나 컴퓨터가 있는 방으로 갔다.

현진이가 강의를 듣는 모습을 힐끔힐끔 쳐다보면서 소율이도 부지런히 따라서 메모하고 필기하기를 반복한다. 또한 강의를 다 듣고 나서도 그 자리에서 바로 일어서지 않고, 강의 들은 내용을 다시 한 번 읽어보면서 전체적인 윤곽을 그리거나 중요한 내용은 다시 한 번 암기하려고 노력한다.

"오! 소율이 제법인데?"

"그럼, 나도 잘하는 아이야."

"진작 그렇게 하지."

"내가 알았나 뭐! 그냥 무조건 준비 없이 하려고만 했지 뭐."

"그것 봐, 잠깐의 생각이 너의 하루를 바꾸잖아!"

"그렇기는 한데, 좀 답답하고, 지루하고, 힘들기도 해."

"처음에는 나도 그랬어, 지금 너의 심정이 어떤지 나도 겪어보았기 때문에 잘 알아!"

"형도 그랬어?"

"내가 뭐 타고난 줄 아냐? 나도 어떻게 하면 공부를 잘할 수 있는지 많이 고민하고, 책도 많이 읽고, 시행착오도 많이 겪었어!"

"그랬구나."

"그런 시간이 어느 정도 흘러가자 비로소 나만의 생활 리듬과 습관이 만들어지게 되더라고."

"형도 많이 힘들었겠다. 나는 형이랑 같이 하지만, 형은 혼자서 해야만 했잖아!"

"그렇지, 진짜 이 악물고 했지."

"벌써부터 힘든데, 나도 잘해낼 수 있을까 걱정이야."

"형의 경험으로는 3일은 힘들었던 것 같아. 생각해봐라. 지금까지의 습관이 있는데, 하루아침에 달라지기는 힘들 거야! 우선 3일은 참고 버텨봐."

"3일? 뭐 3일이라면 해볼만 하지 않을까?"

"그래 형이 많이 도와줄 테니, 열심히 노력해봐. 우선 공부 습관이 잘 잡혀야 공부도 잘되는 거야. 알았지?"

"알았어."

이렇게 소율이와 현진이의 하루는 흘러가고 있다. 하루를 마무리하기 전 현진이 늘 자신의 공부 일기를 꼼꼼하게 점검하고 있으며, 소율이는 대충 세워진 계획이라 간단한 점검만을 한 후 오늘 공부한 내용을 다시 한 번 읽어보면서 내일을 준비하고 있다.

어느덧 3일의 시간이 흘러 소율이가 현진이 집으로 온 4일째 아침이다. 누가 먼저랄 것도 없이 알람소리가 들리자마자 현진이와 소율이는 벌떡 일어나서 양치질을 한 후 가벼운 옷차림으로 아파트 주변과 공원을 한 바퀴 돌고 돌아와 식사 중이다.

"와! 오늘 보니까 소율이 이제 아침 잠이 많이 없어졌는데?"

"그렇지. 형? 나도 그렇게 생각해! 하루하루 지나면서 아침에 일어나서 잠깐 운동하고 돌아오면 오히려 밥맛도 좋고, 머리가 맑아지는 것 같아서 공부하기 좋아."

"형 말이 맞지? 이제 너의 몸이 적응하기 시작한 거야. 그게 바로 습관이라는 것이지."

"그런 것 같아! 습관이 무섭긴 무섭다는 생각이 들어! 예전에는 오전 9시까지 잠을 자도 개운하지 않았고 잠은 자도, 자도 계속해서 늘었던 것 같아."

"알기는 아네."

"그런데 오히려 잠은 그때보다 덜 잣는데, 하나도 피곤하다는 생각이 들지 않고 오히려 개운하다는 생각이 들어."

"그럼 잘 적응한 거야! 이제 공부 시간만 적응하면 되겠네."

"그럼, 그럼."

"소율아! 방학에만 그러는 것이 아니라, 휴일에도 꼭 그렇게 해야 하는 것 알지?"

"휴일에도?"

"그럼, 휴일이라고 해서 늦잠을 자면, 바로 리듬이 깨져서 월요일은 아마 다시 개운하지 않을 걸. 그래서 휴일에도 계속해서 리듬을 유지할 수 있도록 하는 것 절대 잊지 말도록 해. 알았지?"

"오케이, 탱큐!"

식사를 마친 소율이와 현진이는 하루의 공부를 하기 시작했다. 현진이는 항상 일정한 계획에 맞춰 자신만의 공부를 하고 있으며, 소율이도 처음과 달리 점점 계획이 구체화되고 있으며, 공부하는 방법도 조금씩 깊어지고 있다.

처음에는 힘들고 답답해서인지, 몸을 비틀기도 하고, 온몸을 긁기도 하면서 지루함을 달래보려고 했지만, 이제 공부 시간에 대한 습관이 어느 정도 자리를 잡아가고 있는 모습이다.

어느덧 시간이 흘러 현진이가 다시 기숙사로 올라갈 시간이 되어 소율이도 집으로 내려가야 하기 때문에 소율이의 부모님이 다시 올라오셨다.

"엄마, 아빠!"

"와! 우리 소율이 목소리는 반갑지 않고, 호박덩어리 만한 얼굴은 되게 반갑네!"

"아빠도 참! 왜 내 목소리가 반갑지 않아?"

"임마! 네 목소리는 날마다 들었잖아. 날마다 어린아이처럼 뭘 그리도 원하는 것이 많은지!"

"하하하!"

"그래, 현진이는 내일 모레 올라간다면서?"

"네, 내일은 할머님 댁에 가고, 서서히 준비해서 올라가야죠."

"그래, 우리 소율이 곁에서 공부 지도해주느라 수고가 많았다. 그리고 정말 고맙다."

"아니에요. 생각보다 소율이가 잘 따라와 줘서 좋았고, 오히려 공부하는데 외롭지 않았어요. 저는 제 공부만 했어요."

"그러기만 했겠니! 공부 잘하는 형과 함께 있기만 해도 소율이가 공부하지 않고는 배기지 못했을 걸."

"맞아요, 아빠! 있다는 것 자체만으로도 기가 팍팍 느껴져요!"

"왜? 그 기를 네가 팍팍 뺏어오지!"

"에이, 형도 공부해야죠! 그래서 뺏어오려다가 봐줬어요. 형! 나한테 고맙게 생각해야 해."

"뭐야?"

"하하하!"

그렇게 소율이는 현진이와 이별을 하고 집으로 돌아왔다. 집으로 돌아온 소율이가 습관이 많이 바뀌었다는 것을 부모님은 느낄 수 있었다.

물론 개학이 되어서도 한번 길들여진 공부의 습관은 전혀 흔들림이 없었으며, 올바른 습관 때문인지 공부하는 방법과 생각이 많이 변해 있었다.

누구나 많이 나태해지고 흔들리는 방학이지만 학원에 가서 선행 학습에 매달리기보다는 공부 습관을 바꾸게 된 소율이의 공부는 지금부터 시작이다.

지나간 시간은 잊어라!
다음 학기를 위한 방학

한 학기 또는 한 학년의 시험을 마무리하면, 학생들은 학교 울타리를 벗어나 생활하게 됩니다. 학생들 중에는 그동안 학교와 학원을 다니면서 열심히 공부했기 때문에 방학 기간에는 충분히 휴식을 취해야 한다고 생각하는 사람이 있는가 하면, 지난 학기의 부족한 점을 보완하고 다가오는 새 학기를 미리 준비하는 시간이라고 생각하는 사람도 있습니다.

다음 학기나 다음 학년에 지금의 모습보다 발전해야 한다는 생각을 하고 있는 학생이라면 어떠한 마음 자세로 방학을 준비해야 할까요?

그렇다고 해서 방학 동안에 공부만 하라는 것은 아닙니다. 다음 학기나 다음 학년을 준비할 공부를 하고도 충분히 여러분들이 원하는 시간 이상만큼 자유 시간을 가질 수 있습니다. 자, 그럼 어떻게 하면 방학 동안 공부라는 스트레스를 받지 않으면서 여러분들이 하고 싶은 일을 모두 할 수 있는지 하나하나 알려드리겠습니다.

방학이라고 하면 가장 먼저 떠오르는 단어는 아마 '늦잠'일 것입니다. 그런데 이 늦잠을 포기하면 여러분들의 하루가 달라지고, 여러분들이 하고자 하는 것을 모두 할 수 있으며, 부모님과도 더 사이좋게 지낼 수 있습니다.

늦잠의 가장 큰 문제는 무엇일까요? 충분한 수면을 취했기 때문에 우선은 피로가 풀렸다고 느낄 수 있습니다. 하지만 이러한 기분은 며칠 가지 못합니다. 잠은 자면 잘수록 더 늘어나는 것이기 때문에 다음 날은 더 많은 시간 동안 잠을 자야 하고, 그 다음 날은 더 많은 시간 동안 잠을 자야 합니다. 이렇게 되면 오전의 시간이 대부분 지나가기 때문에 하루 중 오후와 저녁 시간만이 남게 됩니다. 이 경우 조금만 공부해도 어느덧 하루 시간이 지나버리고, 늦은 밤까지 쉽게 잠을 이루지 못하거나 숙면을 취하지 못하게 되며, 늦은 밤까지 잠을 자지 못했기 때문에 다시 늦잠을 자게 되는 악순환을 반복하게 됩니다.

반면 학교의 등교 시간에 맞춰 일어나면 공부를 하고, 사교육을 받아도 충분한 시간이 남으며, 이러한 여유 시간에 자신만의 활동을 해도 누구 하나 야단치는 사람이 없으며, 이러한 활동을 통해 스트레스까지 말끔히 해소할 수 있게 되므로 다음 날 더 활기찬 모습으로 하루를 지낼 수 있게 되는 것입니다. 또 개학이 되어서도 방학 동안 매일 규칙적인 생활을 하였기 때문에 생체 리듬이 흔들리지 않아 학교 수업에 더욱 집중할 수 있게 됩니다.

다음은 사교육입니다. 목적이 없는 사교육은 아무런 의미가 없습니다. 방학 기간이 다가오면 많은 학원에서 광고하는 '방학 단기 속성반'이라는 문구를 보고 학원문을 두드리는 학생들이 있는데, 학원의 광고만을 보고 사교육을 선택하는 것이 아니라 자신이 필요에 의해 선택해야 합니다. 자신이 혼자서 공부하기 힘든 과목이나 다음 학기 공부의 부담을 줄이기 위해서는 사교육을 선택해도 되지만, 전 과목을 배우는 사교육에는 크게 의미를 두지 않는 것이 좋습니다. 대체로 방학 기간에는 수학 학원에 다니거나 과외를 많이 합니다. 수학은 혼자서 공부하기가 힘들고, 많은 시간과 노력이 필요한 과목이기 때문에 방학 기간에 사교육을 통해 어느 정도 다음 학기의 공부를 해두면, 학기 중 수학 과목의 부담이 줄어 오히려 다른 과목에 더 많은 시간을 투자할 수 있기 때문에 더욱 깊이 있는 공부를 할 수 있습니다.

수학 이외의 과목들은 꼭 학원 또는 과외가 아니라 인터넷 강의를 통해서도 다음 학기에 좋은 결과를 거둘 수 있습니다. 인터넷 강의는 수준 높은 지식과 노하우를 가지고 있는 스타 강사의 수업을 받을 수 있다는 장점도 있지만 공부에 방해가 되는 인터넷을 이용해야 한다는 단점도 있습니다. 인터넷 강의를 수강할 때도 오프라인에서 강의를 듣듯이 열심히 필기하고, 수업이 끝난 후 교재와 필기한 내용을 바탕으로 반복 학습을 하면, 인터넷 강의로도 충분한 지식을 쌓을 수 있습니다. 다만, 인터넷 강의를 방학 기간 중에 들었다는 이유로 개학을 해서 학교 수업을 소홀히 하면 절대로 안 되며, 인터넷 강의를 통해 얻은 지식을 이해의 발판으로 삼아 학교 수업에 집중하면 지난 학기와 지난 학년의 성적보다 훨씬 좋은 결과를 얻게 될 것입니다.

다음은 독서입니다. 독서의 중요성은 아무리 강조해도 지나치지 않습니다. 하지만 학기 중에는 학교와 사교육 그리고 수행 평가 때문에 독서에 투자하는 시간이 턱없이 부족한 것이 현실입니다. 그렇기 때문에 방학 기간에 그동안 관심이 있었지만 읽지 못했던 책이나 교과와 연계되는 도서를 선정하여 읽으면, 이해력과 배경지식 그리고 창의력과 사고력이 향상되어 쉽게 이해하거나 기억할 수 있게 되며, 문제 풀이에 대한 응용력도 높아집니다. 방학 기간에는 인생과 세상사에 대한 과외 수업을 듣는다고 생각하고 매일 일정한 시간을 정해 독서를 하면, 방학이 끝날 때쯤에는 자신이 생각했던 것보다 훨씬 많은 양의 책을 읽었다는 것을 알게 될 것입니다.

마지막으로 자신의 건강 상태를 점검해야 합니다. 학기 중에는 정해져 있는 계획에 조금만 변동이 생겨도 집중력이 떨어집니다. 따라서 자신의 건강을 체크한 후, 이상이 있다면 방학 기간에 치료를 하는 것이 좋습니다. 예를 들어 치아 교정이나 충치 치료, 시력 검사, 피부 질환 그리고 예방 접종 등을 방학 기간에 미리미리 점검하여 검사와 치료를 해야 다음 학기에 더 건강한 육체와 맑은 정신으로 수업과 공부에 임할 수 있습니다.

방학을 잘 보내면 다음 학기도 잘 보낼 수 있지만, 잘 보내지 못하면 스트레스와 나쁜 습관 때문에 다음 학기를 잘 보낼 수 없게 됩니다. 방학은 휴식하는 기간이 아니라, 다음 학년 또는 다음 학기를 미리미리 준비하는 기간이라는 사실을 반드시 명심하기 바랍니다.

방학 중에도 아침에 일찍 일어나면 하루를 알차게 보낼 수 있어요. 당연히 쉬는 시간도 많아지겠죠.

 내게 맞는 공부법 찾기

[오늘 공부법]에 대한
독자들의 의견을 들어보았습니다.

교보문고

오늘 공부법에는 초등학교에서 고등학교에 이르기까지 두루 활용하거나 적용할 수 있는 공부법 및 정리 방법, 원칙, 철학 등이 가득 담겨 있습니다. 부모님이 한두 달 정도 아이와 함께 계획표를 짜고, 생활의 원칙(휴대 전화 사용 시간, TV 시청 시간 등)에 대해 합의하고, 오답 노트를 정리하는 방법을 알려주고, 오답의 원인이 무엇인지에 대해 구체적인 이야기를 나누어보십시오. 잔소리하는 사람이 아니라 힘들어하는 아이에게 진정한 멘토가 되겠다는 마음가짐으로 아이의 슬픔과 기쁨을 함께 느껴보십시오. 스스로의 힘으로 즐겁고 의미 있는 공부를 할 수 있게 도와주십시오. 이 책을 바탕으로 부모와 자녀가 서로 힘을 모아 2~3개월만 실천하면 분명히 여러분의 자녀는 변할 것입니다.

zz**gpa1 님

그동안 공부법과 관련된 책을 많이 읽어보았지만 왠지 내 아이와는 동떨어진 이야기가 많았고, 모두 하나 같이 어디선가 들은 듯한 이야기를 재탕, 삼탕한 것 같은 방법론들뿐이었어요. 하지만 이 책은 아이들의 공부 현실에 맞게 구성되어 있어서 그런지 고개가 절로 끄덕여지더군요. 엄마의 고민을 제대로 파악하고 있는 책인 것 같아 너무 기분이 좋았어요.

프레젠테이션을 하듯 쉽게 풀어 나가는 내용들을 따라 읽다 보니 '우리 아이에게 맞는 공부 방법을 만들어볼 수 있겠구나'라는 자신감이 생기네요. 엄마들이 걱정하는 부분들을 어쩌면 이렇게 콕 집어서 세심하게 알려주는지……. 마치 좋은 선물을 받은 느낌이에요. 책의 내용이나 전체적인 분위기가 아이들 눈높이에도 맞고, 아이들과도 함께 읽고 느낀 점이나 방법들을 함께 찾아갈 수 있어서 더 좋은 것 같아요. 아이들 공부 때문에 고민이 많은 엄마들에게 한 번쯤 꼭 읽어보시라고 추천하고 싶네요.

le**ky 님

이 책에는 메가스터디의 엠베스트에서 공부의 기술을 강의한 경력이 있는 박인수 님의 노하우가 담겨 있다. 처음 이 책을 대했을 때는 원론적인 내용에만 치우쳐 있는 것이 아닌지 걱정을 했는데, 의외로 만화와 가족의 일상적인 대화 등을 통해 예습과 학교 수업의 중요성 등에 대해 설명하고 있어서 쉽고 편안하게 읽을 수 있었다. 아이에게 "학교 선생님의 수업이 더 중요해."라고 말하기보다 그 이유가 무엇인지를 아이가 이해할 수 있게 설명하는 것이 중요하다는 것을 새삼 깨달았다. 엄마의 입장에서 보면?한없이 안쓰럽기만 한 요즘 아이들. 아이의 힘겨운 삶을 대신 살아줄 수는 없지만, 공부법을 몰라 헤매는 아이들을 위해 정답을 제시해줄 수는 있을 것이라 생각한다. 그런 면에서 이 책은 최선의 공부 방법이 무엇인지를 알려주는 책이라고 생각한다.

러브캣 님

이 책의 가장 큰 특징은 1년 동안 준비해야 할 공부와 습관, 방법을 상세하고 친절한 예를 통해 매우 쉽게 설명해주고 있다는 점이다. 학습 방법에 관련된 많은 책을 읽었지만 명확한 방법을 제시해주고, 다양한 예를 들어 쉽게 설명해주는 책을 만나기는 어려웠는데, 이 책은 나에게도, 아이에게도 현실적으로 실천 가능한 방법을 알려주어 많은 도움이 되었다. 초·중·고등학생들과 부모가 꼭 읽고 도움을 받았으면 좋겠다.

등불 님

누구나 알고 있는 대표적인 공부법에는 복습과 예습이 있다. 그렇지만 알고 있다고 해서 모두 실천하는 것은 아니다. 학교에서 돌아오는 즉시 복습을 해야 장기 기억이 된다고는 하지만 이것 역시 실천하기가 쉽지 않다. 다만 반드시 실천해야 하는 것은 자기만의 공부법을 갖고 있어야 한다는 것이다. 그 방법을 스스로 찾았다면 다행이지만, 만약 찾지 못했다면 이 책을 꼭 한번 읽어보기를 바란다. 공부가 습관이 되어 있지 않은 아이들에게 공부를 하라고 하면 무엇부터 어떻게 해야 하는지 막막한 경우가 많다. 이 책은 이러한 아이들을 위해 훌륭한 길잡이가 되어줄 것이다.

서어나무 님

공부에는 왕도가 없다고는 하지만 효율적인 공부 방법을 제대로 알고 학습을 하면 분명히 많은 도움이 될 것이라 생각한다. 많은 시간을 투자해서 공부했는데 노력한 만큼 성적이 나오지 않는 것이 얼마나 속상하고 억울한 일인지를 안다면, 나만의 공부법을 갖고 있는 것이 얼마나 중요한 일인지를 새삼 느끼게 된다. 그래서 아들과 함께 이 책을 꼼꼼히 읽고 아이에게 필요한 학습법과 실천할 수 있는 학습을 선택해서 노력해보기로 했다.   휴먼스토휴휴 님

알라딘

저자가 설명하고 있듯이 이 책을 보면 왠지 공부가 잘될 것 같다는 생각이 든다. 하지만 무엇이든 지침서가 부족해서 실행으로 옮기지 못하는 법은 없을 것이다. 이 책 또한 필요할 때마다 수시로 참고하면서 공부 방법을 정하고, 그 방법에 익숙해지도록 노력하는 것이 급선무일 듯 보였다. 이 책은 막연한 이론 풀이서가 아니다. 그렇다고 해서 이 책의 내용을 모든 독자들에게 적용할 수는 없을 것이다. 하지만 이 책에는 당장 실천으로 옮길 수 있는 방법을 친절하게 설명하고 있기 때문에 효율적인 공부법을 찾는 데 많은 도움이 되리라 생각한다. 개인적으로는 사례와 구체적인 방법이 많이 제시되어 있고, 도표나 그림이 많아 이해하기가 쉽다는 점에 높은 점수를 주고 싶다.   ForMe 님

도서 11번가

공부를 하는 방법은 한 가지가 아니라 무궁무진하다고 생각한다. '공부에는 왕도가 없다'라는 말은 바로 이를 표현한 말이다. 이 책은 공부의 길로 가는 자세하고도 편리한 도구를 제공하고 있을 뿐만 아니라 자기주도적인 학습 방법을 익히는 데에도 많은 도움을 준다. 어렸을 때부터 이 책을 보면 공부에 대한 흥미를 느낄 수 있을 것이라 생각한다.   wise*** 님